Easy Steps to **CHINESE** 3 WORKBOOK

轻松学中文

SIMPLIFIED CHARACTERS VERSION

Yamin Ma
Xinying Li

北京语言大学出版社
BEIJING LANGUAGE AND CULTURE
UNIVERSITY PRESS

图书在版编目（CIP）数据

轻松学中文.练习册.第3册：马亚敏，李欣颖编著
－北京：北京语言大学出版社，2013重印
ISBN 978-7-5619-1890-6

Ⅰ.轻... Ⅱ.①马...②李... Ⅲ.汉语－对外汉语教学
－教材 Ⅳ.H195.4

中国版本图书馆 CIP 数据核字(2007)第 096546 号

书　　名	**轻松学中文**.练习册.第 3 册
责任编辑	王亚莉　苗　强
美术策划	王　宇
封面设计	王　宇　王章定
版式设计	娄　禹
责任印制	汪学发

出版发行	北京语言大学出版社
社　　址	北京市海淀区学院路 15 号　邮政编码：100083
网　　址	www.blcup.com
电子邮件	escbooks@blcu.edu.cn
电　　话	编辑部 010-8230 3647 /3592
	发行部 010-8230 3650/3591/3651/3080
	读者服务部 010-8230 3653/3908
网上订购	010-8230 3668　service@blcup.net
印　　刷	北京联兴盛业印刷股份有限公司
经　　销	全国新华书店

版　　次	2007 年 7 月第 1 版　2013 年 3 月第 7 次印刷
开　　本	889 毫米×1194 毫米　1/16　印张：12.25
字　　数	102 千字
书　　号	ISBN 978-7-5619-1890-6/H.07110
	06800

©2007 北京语言大学出版社

Easy Steps to Chinese (Workbook 3)
Yamin Ma, Xinying Li

Editor	Yali Wang, Qiang Miao
Art design	Arthur Y. Wang
Cover design	Arthur Y. Wang, Zhangding Wang
Graphic design	Yu Lou

Published by
Beijing Language & Culture University Press
No.15 Xueyuan Road, Haidian District, Beijing, China 100083

Distributed by
Beijing Language & Culture University Press
No.15 Xueyuan Road, Haidian District, Beijing, China 100083

First published in July 2007

Printed in China
Copyright © 2007 Beijing Language & Culture University Press

E-mail: escbooks@blcu.edu.cn
Website: www.blcup.com

ACKNOWLEDGEMENTS

A number of people have helped us to put the books into publication. Particular thanks are owed to the following:

- 戚德祥先生、张健女士 who trusted our expertise in the field of Chinese language teaching and learning

- Editors 张健女士、苗强先生、王亚莉女士 for their meticulous work

- Graphic designers 娄禹先生、王章定先生 for their artistic design

- Art consultant Arthur Y. Wang and artists 陆颖、顾海燕、龚华伟、王净 for their artistic ability in the illustrations

- Edward Qiu who assisted the authors with the sound recording

- And finally, members of our families who have always given us generous support.

CONTENTS 目录

Unit 1

Text 1

1 Write the following in Chinese.

爷爷
grandfather
(paternal)

grandmother
(paternal)

father

mother

elder brother   elder sister   younger brother   younger sister

It is your turn!

Draw your family tree and write
down the translation as above.

2 Write the radicals.

1. ____ cave

2. ____ arrow

3. ____ page

4. ____ hand

5. ____ grass

6. ____ walk

7. ____ writing

8. ____ owe

9. ____ scholar

1

3 Categorize the following words.

爸爸	奶奶	爷爷
哥哥	妈妈	弟弟
姐姐	姑姑	大伯
妹妹	叔叔	

男 _____

· · · ·

· · · ·

· · · ·

女 _____

· · ·

· · ·

· ·

4 Find the countries where these cities are located.

1. 纽约 America _____
2. 北京 _____
3. 伦敦 _____
4. 巴黎 _____
5. 东京 _____
6. 悉尼 _____
7. 香港 _____
8. 柏林 _____
9. 首尔 _____
10. 多伦多 _____
11. 莫斯科 _____
12. 罗马 _____

5 Make sentences with "跟……一起".

1. 我 [弟弟] 打篮球 ⟶ 我跟弟弟一起打篮球。

2. 他 [朋友] 踢足球 ⟶ _____

3. 她 [妈妈] 画油画儿 ⟶ _____

4. 弟弟 [妹妹] 打乒乓球 ⟶ _____

5. 爸爸 [朋友] 打高尔夫球 ⟶ _____

6. 我 [同学] 做作业 ⟶ _____

6 Make a sentence with each group of words given.

1. 亲戚 住

   _____

2. 我们 过圣诞节

   _____

3. 爷爷、奶奶 跟……一起

   _____

4. 学校 朋友

   _____

5. 在家里 说

   _____

6. 去过 国家

   _____

7 Add more words to each category.

1. 中国 _____ _____ _____ _____

2. 英语 _____ _____ _____ _____

3. 商人 _____ _____ _____ _____

8 Write the meaning of each radical and simple character.

1. 伯 → 白 white
        ↓
        亻 standing person

2. 亲 → 木 _____
        ↓
        立 _____

3. 美 → 大 _____
        ↓
        羊 _____

4. 独 → 虫 _____
        ↓
        犭 _____

5. 圣 → 土 _____
        ↓
        又 _____

6. 起 → 己 _____
        ↓
        走 _____

3

9 Answer the questions.

1. 你去过北京吗？

_____

2. 你在上海住过吗？

_____

3. 你在哪些国家住过？

_____

4. 你们家过圣诞节吗？

_____

5. 今年你会去哪儿过圣诞节？

_____

6. 你喜欢过圣诞节吗？

_____

10 Write a character for each radical.

1 立 　2 女 　3 亻 　4 父 　5 讠

6 阝 　7 宀 　8 辶 　9 宀 　10 足

11 Reading comprehension.

去年圣诞节我们是在新加坡跟爷爷、奶奶一起过的。爸爸家的亲戚都来了。叔叔家的堂哥和姑姑家的表姐都是第一次来新加坡。因为他们都在加拿大长大，所以这是他们第一次穿短裤、汗衫过圣诞。他们看见穿汗衫、短裤的圣诞老人时觉得很好笑。

《 Answer the questions:

1. 去年圣诞节他是在哪儿过的？

2. 他爸爸家的什么亲戚是第一次在新加坡过圣诞节？

3. 他的堂哥、表姐在哪儿长大？

4. 圣诞节期间新加坡的天气热吗？

5. 新加坡人过圣诞节时穿什么衣服？

●12● Write the following in Chinese.

| grandfather (paternal) | grandmother (paternal) | grandfather (maternal) | grandmother (maternal) |

| father's sister | father's elder brother | mother's brother | mother's sister |

●13● Circle the phrases and write them down with their meanings.

阿	姨	大	伯	叔
姑	妈	爷	爷	叔
舅	春	节	奶	奶
舅	亲	戚	女	儿
见	面	人	孩	子

1 _____   6 _____

2 _____   7 _____

3 _____   8 _____

4 _____   9 _____

5 _____   10 _____

Find the common part in each pair and write it down.

1. 刻 孩 ___亥___   2. 超 起 _____   3. 妈 吗 _____

4. 节 爷 _____   5. 阿 哥 _____   6. 婆 姑 _____

7. 友 叔 _____   8. 跟 很 _____   9. 医 矮 _____

• 15 • Answer the questions.

❶ 你外公还在吗？他多大岁数了？

_____

❷ 你外婆读过大学吗？她做过什么工作？

_____

❸ 你有舅舅吗？有几个？他(们)现在住在哪儿？

_____

❹ 你妈妈家的亲戚多吗？你常跟他们见面吗？

_____

❺ 你跟哪位亲戚最亲？他／她现在住在哪儿？

_____

• 16 • Pick the words from the box to form phrases.

姑	学	国	孩
前	婆	出	姨
儿	节	去	天

1. 外_____   2. _____妈   3. _____子

外_____   _____妈   _____子

4. 春_____   5. _____年   6. _____生

春_____   _____年   _____生

17 Rearrange the words/phrases to form a sentence.

1. 很多／有／我家／亲戚。——→ _____

2. 前年／了／去世／她外婆。——→ _____

3. 春节／我们家／北京／过／在／每年。——→ _____

4. 两个／他／有／阿姨。——→ _____

5. 见面／不常／跟／我／我家亲戚。——→ _____

6. 圣诞节／我／在／过／每年／纽约。——→ _____

18 Answer the questions.

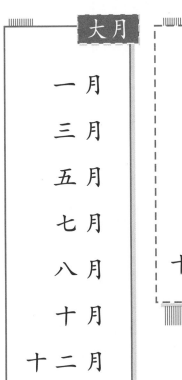

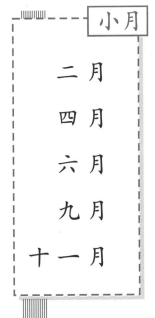

1. 今天几月几号？星期几？

2. 这个月是大月还是小月？

3. 这个月的十五号是星期几？

4. 下个月的一号是星期几？

5. 你的生日是几月几号？

6. 今年你生日那天是星期几？

19 Fill in the blanks with proper words.

			今天		
1.			今天		
2.		去年			后年

3.		这个星期	
4.	上个月		

20 Reading comprehension.

外公、外婆：

　　你们好！

　　我们是上个星期日回到香港的。今年的春节过得很开心。我和弟弟都喜欢吃外婆做的红烧鱼和饺子。跟外公一起写毛笔字也很有意思。妈妈说我的毛笔字写得不好，所以我有时间会多多练习。明年春节我会再来北京。

　　祝外公、外婆健康、愉快！

　　　　　　外孙：小亮

　　　　　　二月六号

True or false:

____ 1 小亮是在北京过的春节。

____ 2 他们二月六日回到了香港。

____ 3 小亮喜欢吃外公做的红烧鱼。

____ 4 外公、外婆都会写毛笔字。

____ 5 小亮的毛笔字写得很漂亮。

____ 6 小亮明年还会去北京过春节。

Writing task:

Write a letter (80-100 words) to your grandparents about the celebration of a festival. You should include:
- when and where you went to celebrate the festival
- what you did with your grandparents
- how you felt about the activities
- whether you wish to come again

8

21 Type the following passage on the computer.

我爸爸家的亲戚都在美国。我爷爷去年去世了，奶奶跟我姑姑住。我姑姑有一个女儿和一个儿子，他们都在美国上大学。我们家每年去美国过圣诞节。我妈妈家的亲戚都住在北京。外公和外婆现在跟舅舅住在一起。我们家每年都去北京过春节。

22 Search for the information on the internet and fill in the blanks with Chinese characters.

1. The whole name of China: _____

2. The capital of China: _____

3. The population of China: _____

23 Learn the ways you address your cousins in Chinese. Use the dictionary if necessary.

1. 你大伯/叔叔家的儿子是你的堂兄或堂弟。

2. 你大伯/叔叔家的女儿是你的堂姐或堂妹。

3. 你姑姑家的儿子是你的表哥或表弟。

4. 你姑姑家的女儿是你的表姐或表妹。

5. 你姨妈/舅舅家的儿子是你的表兄或表弟。

6. 你姨妈/舅舅家的女儿是你的表姐或表妹。

Lesson 2   Appearance   长相

Text 1

1 Match the picture with the answer.

1 ‥ 瓜子脸

2 ‥ [ ]

Answers

a) 方脸

b) 长脸

c) 圆脸

d) 瓜子脸

e) 高鼻子

f) 大眼睛

g) 小嘴巴

h) 高个子

i) 胖

j) 瘦

3 ‥ [ ]

4 ‥ [ ]

5 ‥ [ ]

6 ‥ [ ]

7 ‥ [ ]   8 ‥ [ ]   9 ‥ [ ]   10 ‥ [ ]

2 Find the opposite words in the box and write them down.

矮　小　瘦
短　少　漂亮
晚　下　去
右　前　远

1. 不好看 → _____　　7. 近 → _____

2. 高 → _____　　8. 胖 → _____

3. 长 → _____　　9. 来 → _____

4. 大 → _____　　10. 后 → _____

5. 多 → _____　　11. 左 → _____

6. 上 → _____　　12. 早 → _____

3 Write the following in Chinese.

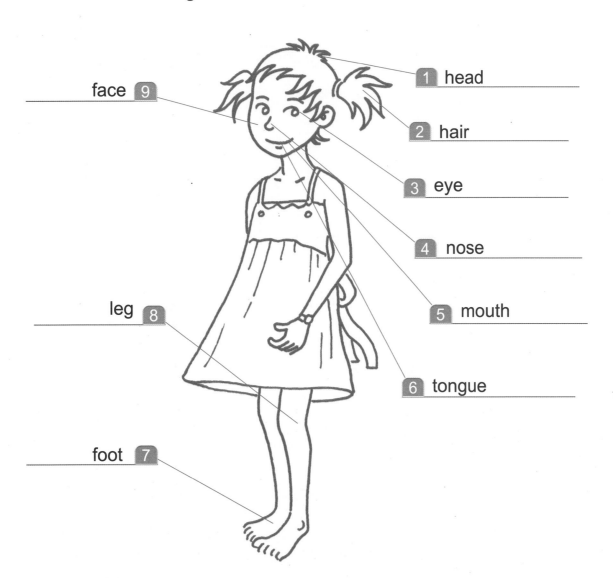

face 9 _____

leg 8 _____

foot 7 _____

1 head _____

2 hair _____

3 eye _____

4 nose _____

5 mouth _____

6 tongue _____

11

4 Write the radicals.

1. ☐ sunset   2. ☐ mouth   3. ☐ standing person

4. ☐ heart   5. ☐ mountain   6. ☐ roof with chimney

7. ☐ speech   8. ☐ sun   9. ☐ stretching person

5 Make a sentence with each group of words given.

1	高　瘦	4	音乐　运动
	→ 他长得又高又瘦。		→
2	矮　胖	5	看电视　看电影
	→		→
3	刮风　下雨	6	英语　汉语
	→		→

6 Translate from English to Chinese.

1. He is a bit fat.

他长得有点儿胖。

2. It is a bit cold today.

3. She is a bit slim.

4. Her hair is a bit short.

5. I am not feeling well today.

6. This car is a bit expensive.

12

7 Look up the words in the dictionary and write down their meanings.

1 胖 _____fat_____   **2** 瘦 _____   **3** 漂 _____
   肥 _____   癌 _____   飘 _____

4 圆 _____   **5** 脸 _____   **6** 嘴 _____
   团 _____   腰 _____   吐 _____

8 Rearrange the words/phrases to form a sentence.

1. 漂亮／她姐姐／很／长得。 ⟶ _____

2. 圆圆的，／他的脸／高高的／鼻子。 ⟶ _____

3. 又／高／哥哥／帅／长得／又。 ⟶ _____

4. 太／弟弟／长得／好看／不。 ⟶ _____

5. 很／她妈妈／一般／长得。 ⟶ _____

6. 有点儿／他爸爸／胖。 ⟶ _____

9 Add a character to form a phrase.

1. 月 亮   2. 外 □   3. 春 □   4. 儿 □   5. 去 □

6. 好 □   7. 嘴 □   8. 亲 □   9. 眼 □   10. 学 □

13

10 Reading comprehension.

我表姐叫小琴，今年十五岁。她长得很漂亮。她高高的，瘦瘦的，腿长长的。她的眼睛不大，头发长长的。她小提琴拉得好。

我的堂哥叫小钢，今年也十五岁。他长得一般。他的个子不高，有点儿胖。他小眼睛，头发短短的。他篮球打得好。

《 Answer the questions:

1. 小琴今年多大了？

2. 她长得怎么样？

3. 她小提琴拉得怎么样？

4. 小钢是谁？

5. 他长得帅吗？

6. 他喜欢打什么球？

11 Describe the following people in Chinese.

_____

_____

_____

_____

_____

_____

_____

12 Match the picture with the answer.

1 ·· 短裤

2 ··

3 ··

Answers
a) 衬衫
b) 汗衫
c) 毛衣
d) 大衣
e) 西装
f) 雨衣
g) 外套
h) 校服
i) 短裤
j) 牛仔裤
k) 裙子
l) 连衣裙

4 ··

5 ··

6 ··

7 ··

8 ··

9 ··

10 ··

11 ··

12 ··

15

13 Add more words to each category.

1. 黑色 _____ _____ _____ _____

2. 眼睛 _____ _____ _____ _____

3. 高 _____ _____ _____ _____

4. 爷爷 _____ _____ _____ _____

14 Answer the questions.

1. 你个子高吗？大概有多高？

_____

4. 你的脸是长的还是方的？

_____

2. 你的头发是什么颜色的？

_____

5. 你长得胖还是瘦？

_____

3. 你的头发是直发还是卷发？

_____

6. 你喜欢穿什么衣服？

_____

15 Circle the phrases and write them down with their meanings.

个	儿	着	急	报
孩	子	女	白	纸
大	左	右	上	下
约	概	早	风	衣
小	时	候	校	服

1 _____   6 _____

2 _____   7 _____

3 _____   8 _____

4 _____   9 _____

5 _____   10 _____

16 Colour the pictures and write a few sentences about each person.

1 _____

_____

_____

_____

_____

Sentences for Reference

a) 他个子不高，有1.2米。

b) 她大眼睛、小嘴巴。

c) 她头发短短的，是直发。

d) 他眼睛大大的，是蓝色的。

e) 她长得很高，也很瘦。

f) 他穿汗衫和短裤。

2 _____

_____

_____

_____

_____

3 _____

_____

_____

_____

_____

17 Answer the questions.

1. 你是在哪儿出生的？

_____

2. 你是在哪儿长大的？

_____

3. 你是哪年来到这个学校的？

_____

4. 你是从几年级开始学汉语的？

_____

5. 你的狗是什么时候不见的？

_____

6. 你是跟谁一起去北京的？

_____

18 Find the common part in each pair and write it down.

1. 帮 帅 _____
2. 服 报 _____
3. 别 刮 _____
4. 着 差 _____
5. 短 橙 _____
6. 低 纸 _____
7. 该 刻 _____
8. 块 快 _____
9. 欢 饮 _____

19 Fill in the blanks with the words in the box.

……的时候　　什么时候　　有时候

1. 我昨天打网球_____下雨了。
2. 他 _____ 走路回家。
3. 他买报纸_____弟弟不见了。
4. 你_____去北京？
5. 他是 _____ 回家的？
6. 他_____不吃午饭。

20 Search for the information on the internet and fill in the blanks with Chinese characters.

1. The colours of the Chinese flag: _____ _____

2. The number of stars on the flag: _____

3. The National Day of China: _____

21 Type the following passage on the computer.

　　我的小妹妹只有三岁。她长得瘦瘦的，瓜子脸，圆圆的眼睛。她的头发是直发。她长得又漂亮又可爱。她喜欢穿裙子。她喜欢粉红色和紫色。她会说英语和汉语。她喜欢看电视、唱歌和跳舞。

22 Write dialogues following the example.

Example

A: 你在找什么呢?

B: 我在找手机呢。

A: 别着急。我帮你找。

1

A: _____

B: _____

A: _____

2

A: _____

B: _____

A: _____

3

A: _____

B: _____

A: _____

23 Reading comprehension.

今天下午我发现我家的小狗青青不见了。青青只有四个月大,是从宠物店里买来的,刚买来两天。它长了一身金黄色的卷毛,大大的眼睛、长长的耳朵和尾巴。找不到青青,我们一家人都很着急。我的朋友也来帮我们找,但是还是没有找到。

True or false:

_____ 1 青青是只小猫。

_____ 2 青青是从宠物店买来的。

_____ 3 青青有四个月大。

_____ 4 它有黑色的卷毛。

_____ 5 它有长尾巴。

_____ 6 青青到现在还没有找到。

Writing task:

Write a notice (60-80 words) about your lost pet dog or cat. You should include:

- its name and age
- its colour
- its appearance
- when and where it got lost
- whom to contact if found

Unit 1

Text 1

1 Match the picture with the answer.

1 ··	发烧	2 ··		3 ··

Answers
a) 头痛
b) 咳嗽
c) 嗓子疼
d) 发烧
e) 拉肚子
f) 流鼻涕
g) 脚疼
h) 眼睛疼
i) 耳朵疼
j) 手疼
k) 量体温
l) 开药

4 ··　　　5 ··　　　6 ··

7 ··　　　8 ··　　　9 ··

10 ··　　　11 ··　　　12 ··

2 Add a character to form a phrase.

1. ＿＿ 温　2. ＿＿ 烧　3. ＿＿ 痛　4. ＿＿ 息　5. ＿＿ 水

6. ＿＿ 药　7. ＿＿ 服　8. ＿＿ 病　9. ＿＿ 生　10. ＿＿ 冒

20

3 Combine one part in each box to form a character.

纟	艹	亻	口	日
火	氵	月	疒	扌

本	尧	巟	立	甬
约	各	土	金	曷

1. 给　　2. _____　　3. _____　　4. _____　　5. _____

6. _____　　7. _____　　8. _____　　9. _____　　10. _____

4 Complete the dialogues.

Practice Focus

a) 你要／应该多休息。

b) 不要喝牛奶。

c) 你应该少看电视。

1
我眼睛疼。

2
我耳朵疼。

3
我发烧了。

4
我肚子疼。

5
我嗓子疼。

6
我脚疼。

7
我咳嗽。

21

5 Write the radicals.

1. [ ] flesh

2. [ ] jade

3. [ ] sleeping person

4. [ ] stone

5. [ ] small

6. [ ] white

7. [ ] ear

8. [ ] silk

9. [ ] seedling

6 Translate from Chinese to English.

1. 我给你开一些头痛药。

_____

2. 我今天晚上给你打电话。

_____

3. 我有时候给妈妈做早饭。

_____

4. 请给我量一下体温。

_____

5. 昨天爸爸买了一块手表给我。

_____

6. 请再给我一个苹果。

_____

7 Complete the sentences / questions.

1. 我先 <u>量一下</u> 你的体温。

2. 我可以 _____ 你的音乐吗?

3. 请 _____ 你家的小狗。

4. 我们先去海边 _____ ,然后去吃晚饭。

5. 你什么时候来我家 _____ ?

6. 我可以 _____ 你的裙子吗?

7. 请 _____ ,我先打个电话。

8. 你帮我 _____ 我的牛仔裤,好吗?

Answers

a) 听一听

b) 量一下

c) 说一说

d) 看一看

e) 走走

f) 坐一坐

g) 找一下

h) 等一下

22

8 Guess their meanings and then check them up in the dictionary.

1 { 中药 / 西药 } 2 { 休息 / 午休 } 3 { 体温 / 气温 } 4 { 发烧 / 发火 }

9 Answer the questions.

1. 你经常感冒吗？

_____

2. 你最近有没有感冒？

_____

3. 你常常头痛吗？

_____

4. 你最近有没有发烧？

_____

5. 你看过中医吗？

_____

6. 你吃过中药吗？

_____

10 Fill in the blanks with the words in the box.

> 量 开 喝 吃 流 打
> 弹 穿 过 找 发 拉

1. 妹妹今天___了五次肚子。

2. 医生给我___了体温。

3. 你今天要多___点儿衣服。

4. 爸爸今天头痛，还___烧。

5. 我不喜欢___中药。

6. 弟弟不喜欢___止咳糖浆。

7. 弟弟___鼻涕，还咳嗽。

8. 我们每年去上海___春节。

9. 妈妈正在___她的手提包。

10. 姐姐钢琴___得不错。

11. 医生给奶奶___了感冒药。

12. 我下午___电话给王老师了。

23

11 Find the parts in the box to complete the sentences.

a) 你发烧了　　 b) 多看点儿书　 c) 他大眼睛、高鼻子

d) 我昨天感冒了 e) 不想唱歌了　 f) 我会帮你找书包

1. _____ ，没有去上学。

2. 你别着急，_____ 。

3. _____ ，今天不要上学了。

4. 我今天嗓子疼，_____ 。

5. _____ ，长得又高又帅。

6. 别看电视了，_____ 。

12 Reading comprehension.

2006年7月31日　　　　　　晴

　　我从昨天开始觉得不舒服。我头痛、发烧，晚上开始拉肚子。妈妈带我去看了医生。医生说我感冒了。他给我开了药。他说我要在家休息两天。现在我觉得好多了。我不拉肚子了，也不发烧了。我明天就可以去上学了。我不喜欢一个人在家里，很闷。

《 Answer the questions:

1. 他昨天哪儿不舒服？

2. 谁带他去看医生了？

3. 医生说了什么？

4. 他现在还发烧、拉肚子吗？

5. 他明天会不会去上学？

6. 他为什么不喜欢一个人在家？

13 Fill in the blanks with Chinese characters.

1. 爸爸的爸爸是 _____ ，爸爸的妈妈是 _____ 。

2. 爸爸的哥哥是 _____ ，爸爸的姐妹是 _____ 。

3. 妈妈的爸爸是 _____ ，妈妈的妈妈是 _____ 。

4. 妈妈的姐妹是 _____ ，妈妈的兄弟是 _____ 。

14 Write the time in Chinese.

1 `07:30`
早上七点半

2 `12:05`

3 `21:35`

4 `10:15`

5 `14:45`

6 `11:30`

Words for Reference

a) 早上

b) 上午

c) 中午

d) 下午

e) 晚上

15 Translate from English to Chinese.

1. one day 一天	2. half a day	3. three years
4. two weeks	5. five months	6. one month and a half
7. one hour	8. half an hour	9. three quarters of an hour

16 Add more words to each category.

1. 头痛 _____ _____ _____

2. 打网球 _____ _____ _____ _____

3. 今天 _____ _____ _____

25

17 Write one sentence about each picture.

1 六月七~八日

他在家休息了两天。

Practice Focus

a) 他游㉠泳游了一个小时。

= 他游了一个小时㉠泳。

b) 他需要在家休息两天。

2 三月三~四日

3 15:00-16:00

4 10:00-12:00

5 19:00-22:15

6 18:00-19:00

7 17:00-18:30

18 Find mistakes and then write down the correct sentences.

1. 他昨天不上学。 ⟶ 他昨天没有上学。

2. 你需要休息两天在家。 ⟶ _____

3. 他脚受伤了踢足球的时候。 ⟶ _____

4. 爸爸要去上海明天。 ⟶ _____

19 Complete the sentences.

1. 他嗓子疼，所以他不能说话。

2. 今天妹妹发高烧，_____

3. 哥哥的脚受伤了，_____

4. 医生给妈妈开了两天病假，_____

5. 弟弟今天拉肚子，_____

6. 奶奶在家病了三天。妈妈上午带她去看医生了，_____

_____

20 Make sentences.

1. 要：_____

2. 不要：_____

3. 能：_____

4. 不能：_____

5. 应该：_____

6. 需要：_____

7. 可以：_____

8. 会：_____

Practice Focus

a) 要　want; need; should; will

b) 不要　don't

c) 能　be able to

d) 不能　cannot

e) 应该　should

f) 需要　need

g) 可以　can; may

h) 会　can; be able to

21 Complete the sentences.

1

他 <u>打篮球的时候手受伤了。</u>

打篮球

他 _____

2

跳远

3

他 _____

跑步

4

他 _____

跳高

22 Translate from English to Chinese.

1. I would like to ask for one-week leave.

_____

2. Please come in and have a seat.

_____

3. Can I have two-day sick leave?

_____

4. Would you please ask Xiaoming to answer the phone?

_____

5. Please bring your Chinese textbooks to the class tomorrow.

_____

Practice Focus

请 means
a) please
b) ask for

23 Search for the information on the internet and fill in the blanks with Chinese characters.

1. The national language of China: _____

2. The number of ethnic minorities: _____

24 Type the following passage on the computer.

昨天早上我一起床就觉得不舒服。我流鼻涕、头痛，还拉肚子。妈妈带我去看医生了。医生给我量了体温，38.9℃。医生说我感冒了。他给我开了一些药。他还说我需要在家好好休息，所以他给我开了两天的病假。

25 Reading comprehension.

老师：小明，你前天、昨天为什么没来上学？

小明：我生病了。

老师：生了什么病？

小明：我感冒了。

老师：你有病假条吗？

小明：有，在这儿。

老师：你现在好了吗？

小明：差不多了，但还有一点儿咳嗽。

老师：你用不用吃药？

小明：要吃，我要喝止咳糖浆。

« Answer the questions:

1. 小明昨天有没有去上学？

2. 他为什么没去上学？

3. 他今天上学有没有带病假条？

4. 他现在还吃药吗？

5. 他现在还在吃什么药？

6. 他还咳嗽吗？

Writing task:

Write a sick leave note (60-80 words) to your teacher. You should include:

- when you started to feel sick
- give two symptoms
- when and who took you to see the doctor
- what medicine you are taking
- how many days of sick-leave you get from the doctor

29

Unit 1 Revision

1 People.

亲戚 爷爷 奶奶 大伯 叔叔 姑姑 外公 外婆 舅舅 阿姨
姨妈 孩子 儿子 女儿

2 Nouns.

瓜子脸 个子 报纸 春节 圣诞节

3 Adjectives.

漂亮 帅 圆 瘦 胖 直 着急

4 Symptoms.

流鼻涕 拉肚子

5 Verbs.

过 去世 见面 不见 帮 找 给 量体温 开药 踢足球
受伤 请(病)假 别

6 Time words.

每年 前年 ……的时候

7 Places.

洛杉矶 纽约

8 Auxiliary verbs.

需要 (不)能

9 Other.

所以 一些

10 Set phrases.

1. 又……又……　　他长得又矮又瘦。

2. 是……的　　弟弟是我买报纸的时候不见的。

　　　　　　　姐姐是在北京出生的。

　　　　　　　叔叔是昨天来北京的。

3. 有点儿　　她长得有点儿胖。

4. ……的时候　　昨天下雨的时候，我在学校。

11 Questions.

1. 你家亲戚多吗？都有谁？

2. 你爷爷、奶奶住在哪儿？

3. 你外公、外婆住在哪儿？

4. 你每年的圣诞节是在哪儿过的？跟谁一起过？

5. 你每年的春节是在哪儿过的？跟谁一起过？

6. 你的个子高吗？有多高？你长什么样儿？

7. 你是在哪儿出生的？你在哪几个国家住过？

8. 你常常生病吗？你生了病会去看医生吗？

9. 你一般看中医还是西医？你看过中医吗？吃过中药吗？

10. 你喜欢踢足球吗？你受过伤吗？

11. 你最近感冒过吗？有没有请病假？

Unit 1 Test

1 Group the following.

外公 叔叔 伯伯		爸爸家	妈妈家
爷爷 外婆 奶奶			
姨妈 舅舅 姑姑			

2 Add one character to form a phrase.

1. 每_____   2. 前_____   3. 见_____   4. 亲_____   5. 孩_____

6. _____世   7. 漂_____   8. 报_____   9. 着_____   10. _____痛

3 Rearrange the words/phrases to form a sentence.

1. 奶奶／一起／住／跟／姑姑。—→ _____

2. 不常／我／见面／外婆／跟。—→ _____

3. 开了／医生／他／一些药／给。—→ _____

4. 两天／需要／她／休息／在家 。—→ _____

4 Complete the sentences.

1. 我今天踢足球的时候_____

2. 我去年的春节是_____

3. 我爸爸长得_____

5 Match two parts of a sentence.

_____ 1 他今天生病了，　　　　　　　　a) 我们帮你找小狗。

_____ 2 别着急，　　　　　　　　　　　b) 所以我今天不想多说话。

_____ 3 我今天嗓子痛，还咳嗽，　　　　c) 所以不能去上学了。

_____ 4 你有点儿发烧，　　　　　　　　d) 我手受伤了。

_____ 5 今天下午打篮球的时候，　　　　e) 我们会去美国过圣诞节。

_____ 6 我们今年十二月二十二日　　　　f) 我给你量一下体温吧。
　　　放假，

6 Fill in the blanks with the words in the box.

● ● ● ● 　医生　头疼　给　……的时候　以前　需要　体温　早饭　● ● ●

　　昨天吃晚饭 ＿＿＿ 弟弟说肚子疼。睡觉 ＿＿＿ 他又说耳朵疼。

今天早上他起床后就说 ＿＿＿。妈妈给他量了一下 ＿＿＿，三十

八度六。他今天没有吃 ＿＿＿。上午十点妈妈就带他去看 ＿＿＿

了。医生 ＿＿＿ 他开了一些药，还说弟弟 ＿＿＿ 在家休息两天。

7 Describe the two persons below.

33

8 Answer the questions.

1. 你家的亲戚多不多？你妈妈有兄弟姐妹吗？有几个？

_____

2. 你爷爷、奶奶还在吗？他们现在住在哪儿？你常跟他们见面吗？

_____

3. 去年的圣诞节你是在哪儿过的？跟谁一起过？

_____

4. 你常生病吗？你看过中医吗？你吃过中药吗？

_____

5. 你长什么样？你有多高？

_____

9 Make one sentence with each group of words given.

1. 跟……一起　春节	4. ……的时候　牙疼
2. 哥哥　又……又……	5. 踢球　受伤
3. 别　医生	6. 长得　帅

10 Add more words to each category.

❶老师_____ _____ _____　❸头痛 _____ _____ _____

❷足球_____ _____ _____　❹圆　_____ _____ _____

11 Translate from English to Chinese.

1. My grandma (maternal) passed away the year before.	4. He looks very handsome.
2. Don't play football in the classroom.	5. My foot was injured during the P.E. lesson today.
3. I often play computer games with my younger brother.	6. She has oval face and big eyes.

12 Reading comprehension.

九月十四日　　　　　晴

　　今天下午放学以后我去踢足球了。十几个八年级、九年级的男同学在一起踢足球。我们从四点踢到五点半。今天天气很热，我喝了不少水。晚上我觉得脚很疼。妈妈说我的球鞋小了，这个周末会去给我买一双新的。

True or false:

_____ 1 他今天上午有体育课。

_____ 2 他跟五六个男生在一起踢球。

_____ 3 他今天踢了一个半小时的球。

_____ 4 今天很热，所以他喝了很多水。

_____ 5 他踢球的时候脚受伤了。

_____ 6 这个周末妈妈会买一双新皮鞋给他。

13 Essay writing.

Write a sick-leave note to your teacher. You should include:
- when you started to feel sick
- what symptoms you felt
- whether you went to see a doctor
- what medicine the doctor prescribed you
- how many days of sick-leave you were given

Text 1

1 Match the picture with the answer.

1 · · 阴天   2 · ·   3 · ·

4 · ·   5 · ·   6 · ·

7 · ·   8 · ·   9 · ·

10 · ·   11 · ·   12 · ·

Answers

a) 晴天
b) 多云
c) 阴天
d) 雾
e) 刮风
f) 刮台风
g) 雷雨
h) 大风雪
i) 热
j) 冷
k) 暖和
l) 凉快

2 Write the radicals.

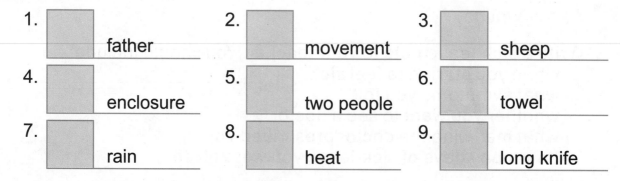

1. ____ father
2. ____ movement
3. ____ sheep
4. ____ enclosure
5. ____ two people
6. ____ towel
7. ____ rain
8. ____ heat
9. ____ long knife

3 Group the characters and write the meaning of each character.

雾 季 凉 时 温 感 假 病 受 汗
暖 踢 雷 爱 跑 秋 疼 冰 息 伤

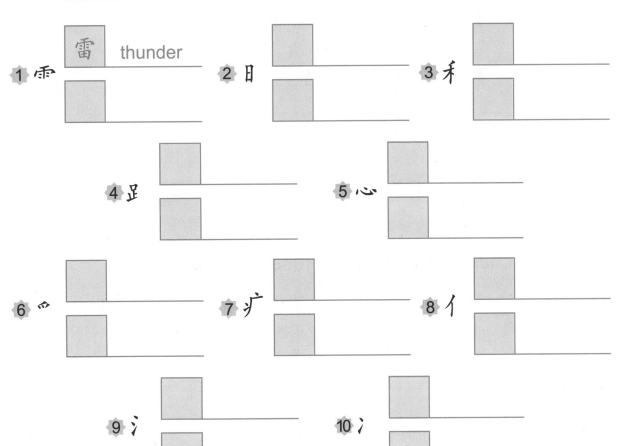

1. 雷 | 雷 thunder

2. 日

3. 禾

4. 足

5. 心

6. ⺲

7. 疒

8. 亻

9. 氵

10. 冫

4 Answer the questions.

1. 今天几月几号？

_____

2. 今天星期几？

_____

3. 今天天气怎么样？

_____

4. 今天最高气温多少度？

_____

5. 今天最低气温多少度？

_____

6. 明天天气怎么样？

_____

5 Rearrange the words / phrases to form a sentence.

1. 说/需要/医生/两天/休息/他。—→ _____

2. 受伤/他/的时候/踢球/了/脚。—→ _____

3. 上学/去/不能/她/今、明两天。—→ _____

4. 一年/香港/有/四个季节。—→ _____

5. 天气/北京/秋天/最好/的。—→ _____

6. 最低/今天/十度/气温。—→ _____

6 Add a character to form a phrase.

1. _____ 和 2. 病 _____ 3. 季 _____ 4. _____ 雨 5. _____ 快

6. 体 _____ 7. 休 _____ 8. 感 _____ 9. 发 _____ 10. _____ 要

7 Write one sentence about each picture.

1	2	3
33	22	20
25	15	14

今天刮台风,最高
气温 _____,
最低 _____。

_____

_____

_____

_____

_____

_____

8 Complete the sentences.

1. 今天有点儿冷，你要穿毛衣。_____

2. 今天有大风雪，_____

3. 今天很凉快，_____

4. 哥哥今天拉肚子，_____

5. 今天下大雨，刮大风，_____

6. 弟弟踢足球的时候脚受伤了，_____

Practice Focus

a) 需要 need

b) 应该 should

c) 要 want; need; must; will

d) 不能 cannot

9 Get information from the internet and write a weather forecast for each city.

拉萨今天_____   1 | 2 北京_____

最高气温_____

最低气温_____

拉萨明天_____

香港_____   上海_____

_____

_____

_____

3 | 4

10

Reading comprehension.

亲爱的网友：

　　在你们国家，一年有几个季节？春天的天气怎么样？气温多少度？你要穿什么衣服？夏天热吗？最高气温有多少度？常常刮风、下雨吗？秋天天气好不好？凉快吗？冬天呢？冷不冷？最低气温多少度？你要穿什么衣服？

　　请给我回信。

网友：小文

Complete your reply letter.

亲爱的小文：

　　你好！

　　我们国家一年有 ___ 个季节。春天天气 ___ ，气温 ___ 。我一般穿 ___ 。我们这里夏天 ___ ，最高气温 ___ 度。秋天天气 ___ 。冬天 ___ ，最低气温 ___ 度。我冬天要穿 ___ 。

网友：___

Find the parts in the grid to complete the sentences.

晚	上	有	雷	雨	云
明	天	有	雾	多	大
西	安	今	天	天	晴
白	天	今	气	温	高
晚	海	不	常	下	雨
上	午	可	能	有	雨

1. _____，明天有小雨。
(it is sunny in Xi'an today)

2. 北京今天白天多云，_____
(there will be
_____
thunderstorm in the evening)

3. 香港今天阴天，_____。
(it will be foggy tomorrow)

4. _____，明、后两天有雨。
(it is cloudy in Shanghai today)

5. 北京春天常常刮风，_____。
(it does not often rain)

6. 巴黎今晚多云，_____。
(it will likely be raining tomorrow morning)

Text 2

•12 Match the picture with the answer.

1 ·· 牛仔裤

2 ··

3 ··

4 ··

5 ··

6 ··

7 ··

8 ··

9 ··

10 ··

11 ··

12 ··

Answers

a) 衬衫

b) 汗衫

c) 外套

d) 雨衣

e) 短裤

f) 牛仔裤

g) 裙子

h) 帽子

i) 毛衣

j) 围巾

k) 手套

l) 凉鞋

•13 Write two characters for each radical.

1. 衤 _____

2. 巾 _____

3. 冫 _____

4. 亻 _____

5. 氵 _____

6. 口 _____

7. 女 _____

8. 讠 _____

9. 禾 _____

41

14 Fill in the blanks with the words in the box.

有时候   ……的时候   什么时候

1. 你＿＿＿＿去中国？

2. 香港春天＿＿＿＿很热。

3. 出去＿＿＿＿你要穿外套。

4. 你暑假＿＿＿＿去上海？

5. 北京冬天＿＿＿＿下大雪。

6. 生病＿＿＿＿你要多休息。

7. 你们家＿＿＿＿去北京？

8. 你＿＿＿＿去看你爷爷、奶奶？

15 Answer the questions in Chinese.

如果你春天去上海，会带什么？

我会带＿＿＿＿＿＿＿＿＿

＿＿＿＿＿＿＿＿＿＿＿＿＿

＿＿＿＿＿＿＿＿＿＿＿＿＿

＿＿＿＿＿＿＿＿＿＿＿＿＿

如果你秋天去上海，会带什么？

＿＿＿＿＿＿＿＿＿＿＿＿＿

＿＿＿＿＿＿＿＿＿＿＿＿＿

＿＿＿＿＿＿＿＿＿＿＿＿＿

＿＿＿＿＿＿＿＿＿＿＿＿＿

1 2

3 4

如果你暑假去北京，会带什么？

＿＿＿＿＿＿＿＿＿＿＿＿＿

＿＿＿＿＿＿＿＿＿＿＿＿＿

＿＿＿＿＿＿＿＿＿＿＿＿＿

＿＿＿＿＿＿＿＿＿＿＿＿＿

如果你寒假去北京，会带什么？

＿＿＿＿＿＿＿＿＿＿＿＿＿

＿＿＿＿＿＿＿＿＿＿＿＿＿

＿＿＿＿＿＿＿＿＿＿＿＿＿

＿＿＿＿＿＿＿＿＿＿＿＿＿

16 Complete the sentences.

1. 因为今天很冷，<u>所以我不想去游泳。</u>

2. 因为她打篮球的时候脚受伤了，_____

3. 因为我今晚要跟妈妈一起去买东西，_____

4. 因为我今天头疼，还发烧，_____

5. 因为这个周末我有钢琴课，_____

17 Circle the phrases and write them down with their meanings.

暑	下	雨	衣	凉
寒	假	星	伞	鞋
如	果	期	所	以
围	毛	因	为	手
巾	帽	子	外	套

1 _____ 6 _____

2 _____ 7 _____

3 _____ 8 _____

4 _____ 9 _____

5 _____ 10 _____

18 Write a phrase starting with the last character of the previous one.

1. 凉快 → <u>快车</u>   2. 台风 → _____   3. 体温 → _____

4. 医生 → _____   5. 春节 → _____   6. 读书 → _____

43

19 Complete the dialogues.

1
妈妈：不要一边吃饭
一边看电视。

儿子：

2
姐姐：你外出要带一
把伞。

妹妹：

3
医生：你今天不要去
上学了。我给
你开病假条。

小明：

4
爸爸：今天很冷，你要
多穿点儿衣服。

女儿：

5
老师：上课不要说话。
学生：

6
儿子：妈妈，我头疼，
还流鼻涕。

妈妈：

Words for Reference

a) 不用

b) 对不起

c) 不要

d) 一会儿

e) 想

f) 看医生

20 Complete the sentences.

1 如果明天下雨，我们就不去打网球了。	4 因为英国常常下雨，
2 如果你今天不舒服，	5 除了帽子以外，
3 因为香港的冬天不太冷，	6 你先做作业，

21 Search for the information on the internet and fill in the blanks with Chinese characters.

1. The continent in which China is located: _____

2. The number of countries which share the borders with China: _____

22 Type the following passage on the computer.

亲爱的小青：

　　你好！

　　你什么时候来北京？如果你夏天来北京，最好带汗衫、短裤、裙子，还有凉鞋。如果你冬天来北京，最好带长裤、毛衣和外套，还要带帽子、围巾和手套，因为北京冬天很冷。

　　祝好！

小京

3月10日

23 Reading comprehension.

亲爱的小文：

　　我们国家一年里都是夏天。我们每天都穿汗衫、短裤或裙子，气温在25到32度。十二月的气温有时候有20度。这里不会太潮湿，但是六、七、八月常常刮台风、下大雨。我不太喜欢我们国家的天气，因为我喜欢冬天，喜欢下雪天。

　　祝好！

网友：小雪

8月8日

《 **Answer the questions:**

1. 他们国家一年有几个季节？

2. 他们每天都穿什么衣服？

3. 他们国家十二月气温有多少度？

4. 每年的七、八月天气怎么样？

5. 他们国家有春天吗？

6. 她为什么喜欢冬天？

Writing task:

Write a dialogue between your friend and yourself about the weather. You should make at least 6 turns.

Text 1

1 Match the picture with the answer.

1 · · 老师   2 · ·   3 · ·

teacher   lawyer   university student

Answers
a) 商人
b) 老师
c) 律师
d) 经理
e) 秘书
f) 中学生
g) 大学生
h) 独生子

4 · ·   5 · ·

only son   secretary

6 · ·   7 · ·   8 · ·

manager   businessman   secondary school student

2 Write the radicals.

1.   animal   2.   female   3.   water

4.   shelter   5.   food   6.   square

7.   eye   8.   wood   9.   foot

3 Fill in the blanks with the words in the box.

穿
戴
带

1. 妈妈今天＿＿套装上班。

2. 爸爸每天＿＿西装，＿＿领带上班。

3. 我们学校的学生不＿＿校服。

4. 中学生不可以＿＿高跟鞋上学。

5. 老师，我今天没有＿＿汉语课本。

6. 今天不会下雨，你不用＿＿雨伞。

7. 姐姐很喜欢＿＿裙子。她不喜欢＿＿裤子。

8. 冬天去北京，你要＿＿大衣、帽子、围巾和手套。

4 Match the picture with the answer.

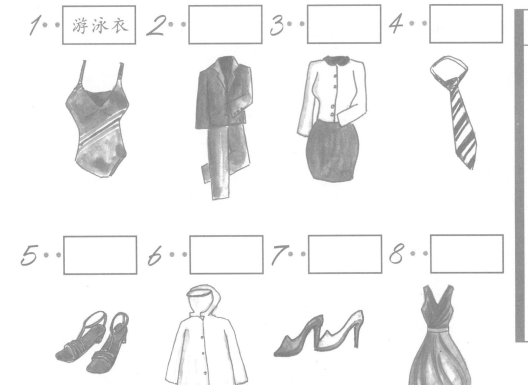

1. 游泳衣 2. ＿＿ 3. ＿＿ 4. ＿＿

5. ＿＿ 6. ＿＿ 7. ＿＿ 8. ＿＿

Answers

a) 领带

b) 西装

c) 套装

d) 连衣裙

e) 高跟鞋

f) 凉鞋

g) 雨衣

h) 游泳衣

47

5 Write the meaning of each radical and simple character.

1. 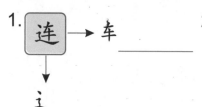 连 → 车 _____
   ↓
   辶 _____

2. 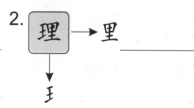 理 → 里 _____
   ↓
   王 _____

3. 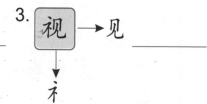 视 → 见 _____
   ↓
   衤 _____

4. 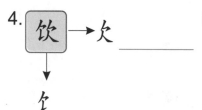 饮 → 欠 _____
   ↓
   饣 _____

5. 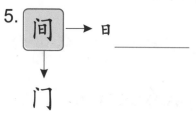 间 → 日 _____
   ↓
   门 _____

6. 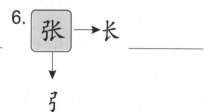 张 → 长 _____
   ↓
   弓 _____

6 Rearrange the words / phrases to form a sentence.

1. 经常／爸爸／出差／今年。→ _____

2. 妈妈／连衣裙／喜欢／穿。→ _____

3. 舅舅／公司／工作／在。→ _____

4. 没有／我／校服／穿／今天／上学。→ _____

5. 一家饭店／叔叔／在／工作。→ _____

6. 不用／今天／你／帽子／戴。→ _____

7 Add more words to each category.

1. 老师 _____ _____ _____

2. 套装 _____ _____ _____

3. 发烧 _____ _____ _____

4. 雷雨 _____ _____ _____

8 Circle the phrases and write them down with their meanings.

公	司	领	带	连
手	套	律	上	衣
西	装	师	短	裙
围	经	行	裤	凉
巾	理	高	跟	鞋

1 _____

2 _____

3 _____

4 _____

5 _____

6 _____

7 _____

8 _____

9 _____

10 _____

9 Describe the following people in Chinese.

1. 爸爸 _____

_____

_____

_____

_____

2. 妈妈 _____

_____

_____

_____

_____

3. 女儿 _____

_____

_____

_____

10 Make sentences with the dotted words.

1 我舅舅特别喜欢吃中餐。

4 加拿大的冬天非常冷,常常下雪。

2 弟弟不太喜欢穿校服。

5 妈妈很喜欢穿高跟鞋。

3 姐姐最喜欢穿连衣裙了。

6 爸爸工作挺忙的。

11 Reading comprehension.

我爸爸是银行经理,他工作很忙。他平时上班要穿西装、戴领带。但是夏天天气很热的时候,他就穿衬衫和长裤上班。

我妈妈是秘书,在一所学校工作。她每天穿衬衫和裙子上班。她工作不算太忙,每天六点就可以回家了。

《 Answer the questions:

1. 他爸爸做什么工作?

2. 他爸爸上班穿西装吗?

3. 他爸爸一年四季都穿西装上班吗?

4. 他妈妈在哪儿做秘书?

5. 他妈妈工作忙吗?

6. 他妈妈每天几点回家?

12 Match the picture with the answer.

1 · · | 西装 | 2 · · | | 3 · · | |

4 · · | | 5 · · | | 6 · · | |

7 · · | | 8 · · | | 9 · · | |

10 · · | | 11 · · | | 12 · · | |

13 · · | | 14 · · | | 15 · · | |

Answers

a) 皮鞋
b) 凉鞋
c) 运动鞋
d) 高跟鞋
e) 毛衣
f) 领带
g) 皮带
h) 手表
i) 手套
j) 围巾
k) 帽子
l) 西装
m) 套装
n) 衬衫
o) 连衣裙

13 Write the following in Chinese.

1 ¥5.20

五块两毛(五块二)

2 ¥127.40

3 ¥2, 480. 00

4 ¥926.50

5 ¥24.99

6 ¥5,736.00

7 ¥24.55

8 ¥450.60

9 ¥3,428.00

10 ¥101.40

14 Translate from English to Chinese.

1. of course	2. suitable	3. leather boots
4. try	5. expensive	6. quite
7. suit	8. tie	9. (woman's) one-piece dress
10. high-heeled shoes	11. be on a business trip	12. law firm

Rearrange the words / phrases to form a sentence / question.

1. 穿／你／几号／鞋／的？ ⟶ _____

2. 可以／吗／我／这双鞋／试一试？ ⟶ _____

3. 太／合适／不／这条领带。 ⟶ _____

4. 律师行／爸爸／工作／在。 ⟶ _____

5. 特别／姐姐／穿／喜欢／高跟鞋。 ⟶ _____

6. 爱／弟弟／穿／运动鞋／非常。 ⟶ _____

•16• Write one sentence about each picture.

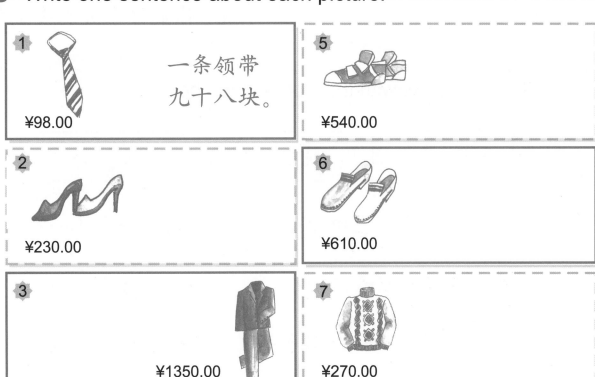

1 一条领带
九十八块。
¥98.00

5 ¥540.00

2 ¥230.00

6 ¥610.00

3 ¥1350.00

7 ¥270.00

4 ¥890.00

8 ¥529.00

17 Complete the dialogues.

1. A: 你穿几号的鞋?

   B: _____

2. A: 我可以试一下这条裙子吗?

   B: _____

3. A: 这双皮靴一千块。

   B: _____

4. A: 这种鞋有别的颜色吗?

   B: _____

5. A: 我爸爸每天都很忙。

   B: _____

6. A: 你妈妈在哪儿工作?

   B: _____

7. A: 你想什么时候去中国?

   B: _____

8. A: _____

   B: 你最好穿大衣去上学。

18 Fill in the blanks with the words in the box.

手机　太　因为　特别　有点儿　所以　如果

_____ 我今年上中学了, _____ 妈妈说给我买一个手机。

昨天我们在商店里看到一个 _____ , 非常好看, 我 _____

喜欢。可是, 妈妈一问, 那个手机要三千多块。妈妈说 _____

贵了, 所以没有给我买。我 _____ 不开心。

19 Search for the information on the internet and fill in the blanks with Chinese characters.

1. The name of the largest country(in area) in the world: _____

2. The name of the country with the largest population in the world:

_____

20 Type the following passage on the computer.

　　我爸爸是经理。他工作太忙了，经常出差。他明天要去西安出差。西安现在是冬天，所以他除了带西装、领带和皮鞋以外，还要带皮靴、毛衣和大衣。

21 Reading comprehension.

　　我昨天去买东西了。我是跟妈妈一起去的。妈妈买了一双高跟皮鞋和一双凉鞋。她很开心。我看到了一双运动鞋，非常好看，我很喜欢。试穿了一下，我觉得很合适。可是妈妈说运动鞋要560块一双，太贵了，没有让我买。我很不开心。

True or false:

_____ 1 她昨天一个人去买东西了。

_____ 2 她妈妈买了两双鞋。

_____ 3 她自己买了一双运动鞋。

_____ 4 运动鞋又合适又便宜。

_____ 5 运动鞋560块一双。

Writing task:

Write about a shopping experience (80-100 words). You should include:
- when and where you went shopping recently
- whom you went with
- what you bought and how much you spent
- how you felt about the shopping experience

Text 1

1 Write the following in Chinese.

1   多云   2   [　　]   3   [　　]   4   [　　]

5   [　　]   6   [　　]   7   [　　]   8   [　　]

2 Write the meaning of each radical and simple character.

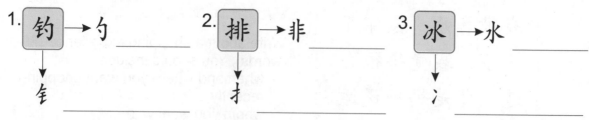

1. 钓 → 勺 _____
           ↓
           钅 _____

2. 排 → 非 _____
           ↓
           扌 _____

3. 冰 → 水 _____
           ↓
           冫 _____

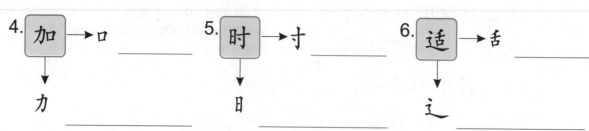

4. 加 → 口 _____
           ↓
           力 _____

5. 时 → 寸 _____
           ↓
           日 _____

6. 适 → 舌 _____
           ↓
           辶 _____

3 Match the picture with the answer.

		Answers
		a) 游泳
1 · · 唱歌	2 · · 	b) 跑步
3 · ·		c) 打篮球
		d) 打排球
		e) 打羽毛球
4 · ·	5 · ·	f) 打乒乓球
6 · ·		g) 打网球
		h) 踢足球
		i) 唱歌
7 · ·	8 · ·	j) 跳舞
9 · ·		k) 弹钢琴
		l) 拉小提琴
10 · · 	11 · · 	m) 画水彩画儿
12 · · 		n) 画油画儿
		o) 滑冰
		p) 滑雪

13 · ·    14 · ·    15 · ·    16 · ·

4 Guess their meanings and then check them up in the dictionary.

1. 太阳_____   2. 月亮_____   3. 地球_____   4. 太空_____

5. 火星_____   6. 木星_____   7. 土星_____   8. 金星_____

5 Answer the questions.

1. 今年暑假你会去哪儿？

_____

2. 明年你会去中国吗？

_____

3. 这个周末你会做什么？

_____

4. 下个周末你会去看电影吗？

_____

5. 你爸爸这个月会出差吗？

_____

6. 今年圣诞节你会去哪儿过？

_____

6 Fill in the blanks with the words in the box.

| 小时候　　有时候　　……的时候　　什么时候 |

1. 我_____很喜欢滑冰。

2. 爸爸开车_____不用手机。

3. 我们_____去打排球？

4. 我冬天_____去滑雪。

5. 姐姐_____穿高跟鞋。

6. 爸爸_____去出差？

7. 上课_____不可以说话。

8. 她_____在上海住过五年。

7 Go on the internet and find the weather forecasts of your city.

今天	明天	后天

Circle the phrases and write them down with their meanings.

西	装	当	滑	下
套	带	然	冰	雪
领	手	羽	水	乒
合	凉	皮	毛	乓
适	鞋	靴	排	球

1 _____ 6 _____

2 _____ 7 _____

3 _____ 8 _____

4 _____ 9 _____

5 _____ 10 _____

9 Rearrange the words / phrases to form a sentence.

1. 住／加拿大／在／小时候／我。——→ _____

2. 冷／纽约／非常／的／冬天。——→ _____

3. 滑冰／姐姐／冬天／去／喜欢。——→ _____

4. 周末／钓鱼／我爸爸／去／常常。——→ _____

5. 冷／香港／不／太／的／冬天。——→ _____

10 Write the radicals.

1. ☐ soil

2. ☐ again

3. ☐ folding knife

4. ☐ rice

5. ☐ ornament

6. ☐ clothing

7. ☐ metal

8. ☐ door

9. ☐ bamboo

11 Reading comprehension.

我家附近有一个滑冰场。我小时候差不多每两个星期去滑一次冰。因为没有老师教我，所以我不会滑什么花样。滑冰是我自己学的。可以这么说，我滑冰滑得还不错。

我不会滑雪，从来也没有滑过。爸爸说他明年春节会带我去北京滑雪。听说那里的滑雪场很大，设施也很不错。

« **Answer the questions:**

1. 他小时候喜欢做什么运动？

2. 他经常去哪儿滑冰？

3. 他有没有请老师教他滑冰？

4. 他滑冰滑得怎么样？

5. 他会滑雪吗？

6. 他明年春节可能去哪儿滑雪？

12 Fill in the blanks with the words in the box.

……的时候　非常　小时候　跟……一起　不常

我是中国人，但是我 ＿＿＿＿ 住在加拿大。我两岁 ＿＿＿＿ ＿＿＿＿ 回到了中国，＿＿＿＿ 外公、外婆 ＿＿＿＿ 住在北京。北京的冬天 ＿＿＿＿ 冷，跟加拿大的冬天差不多，但是 ＿＿＿＿ 下雪。下雪 ＿＿＿＿，我会 ＿＿＿＿ 表姐 ＿＿＿＿ 堆雪人。

`13` Write the following in Chinese.

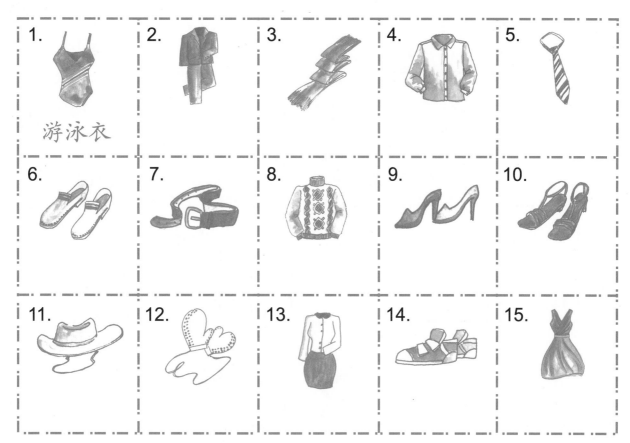

1. 游泳衣

`14` Add more words to each category.

1. 大风雪 _____ _____ _____ _____

2. 滑冰 _____ _____ _____ _____

3. 老师 _____ _____ _____ _____

`15` Make phrases with "几" as the example shows.

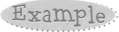 Example

几个好朋友

1 _____ 3 _____

2 _____ 4 _____

Write one sentence about each picture.

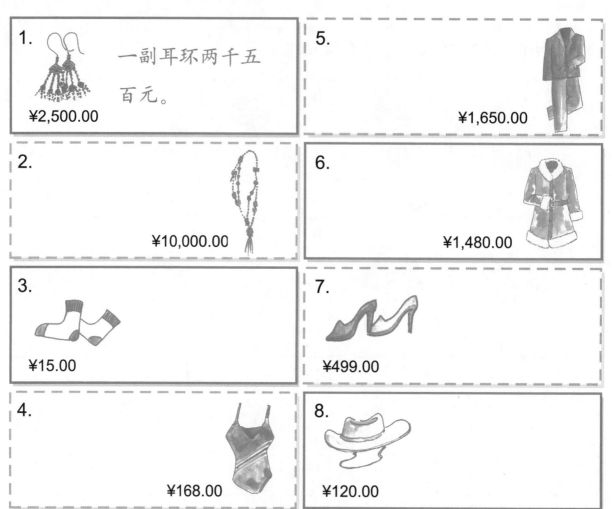

1. ¥2,500.00　一副耳环两千五百元。

2. ¥10,000.00

3. ¥15.00

4. ¥168.00

5. ¥1,650.00

6. ¥1,480.00

7. ¥499.00

8. ¥120.00

17 Rearrange the words / phrases to form a sentence.

1. 已经／我／有／十副耳环／了。——＿＿＿＿＿＿＿＿＿＿＿＿＿＿

2. 特别／这条项链／好看。——＿＿＿＿＿＿＿＿＿＿＿＿＿＿＿

3. 太／这件游泳衣／了／贵。——＿＿＿＿＿＿＿＿＿＿＿＿＿＿

4. 要／二十五块／这双袜子。——＿＿＿＿＿＿＿＿＿＿＿＿＿＿

5. 一顶帽子／想／我／买。——＿＿＿＿＿＿＿＿＿＿＿＿＿＿

18 Fill in the blanks with the words in the box.

件 双 副 顶 套 门 张 位 架 辆 朵 把

1. 一___ 汽车 2. 一___ 书桌 3. 一___ 耳环 4. 一___ 袜子

5. 一___ 帽子 6. 一___ 椅子 7. 一___ 外语 8. 一___ 衬衫

9. 一___ 西装 10. 一___ 云 11. 一___ 老师 12. 一___ 钢琴

19 Write dialogues following the example.

Example

A:你想再买一双鞋吗?

B:我已经买了三双了,不想再买了。

1
A:
B:

2
A:
B:

3
A:
B:

4
A:
B:

5
A:
B:

20 Group the following words.

| 帽子 | 凉鞋 | 围巾 | 套装 | 耳环 | 高跟鞋 |
| 皮靴 | 手套 | 项链 | 领带 | 西装 | 连衣裙 |

穿	戴
·套装 · ·	· · ·
· · ·	· · ·

21 List items that match each measure word.

件	条	顶	副

22 Make a sentence with each group of words given.

1. 已经　衬衫

_____

2. 项链　好看

_____

3. 不要　买

_____

4. 想　帽子

_____

5. 周末　钓鱼

_____

6. 小时候　住

_____

23 Search for the information on the internet and fill in the blanks with Chinese characters.

1. The number of provinces in China: _____

2. The name of the Chinese city you know: _____

24 Type the following passage on the computer.

　　我是在中国东北的大连出生、长大的。大连的冬天很冷，还经常下雪。我冬天喜欢去滑冰、滑雪。大连的夏天也挺热的。我夏天喜欢游泳、钓鱼。我还经常跟家人打羽毛球和乒乓球。

25 Reading comprehension.

　　昨天是我的生日。我在家里开了一个生日晚会。我请了十几个好朋友来我家。他们每个人都给我买了礼物，有帽子、耳环、项链、羽毛球拍等。一个朋友还送给我三条金鱼。爸爸、妈妈给我买了一条新裙子，我很喜欢。我们在一起吃了比萨饼、意大利面，然后在家里看了一部电影。今年的生日过得很开心。

《 **Answer the questions:**

1. 她昨天在哪儿开了生日晚会？

2. 她请了多少个朋友？

3. 她得到了什么礼物？

4. 她得到了什么宠物？

5. 她们在生日晚会上做了什么、吃了什么？

6. 她觉得生日晚会开得怎么样？

Writing task:

Write about your last year's birthday party (80-100 words). You should include:
- the time and place you had the party
- the people you invited
- presents you received
- how you felt about last year's party

Unit 2 Revision

1 Weather conditions.

暖和 雾 雷雨 凉快

2 Clothing and accessories.

西装 套装 连衣裙 游泳衣 领带 围巾 帽子 手套 凉鞋
皮鞋 皮靴 高跟(皮)鞋 袜子 耳环 项链

3 Activities.

滑冰 滑雪 钓鱼 打排球 打乒乓球 打羽毛球

4 Adjectives and adverbs.

亲爱 忙 已经 当然 合适

5 Verbs.

祝 当 试 出差 戴

6 Nouns.

季节 寒假 暑假 雨伞 经理 公司 律师行 太阳

7 Conjunctions.

如果 因为

8 Measure words.

件(游泳衣) 顶(帽子) 副(耳环) 双(皮鞋)

9 Places.

加拿大

10 Numbers.

千 万

11 Set phrases.

1. 不用　你冬天来香港不用带大衣。

2. 最好　你夏天去英国最好带一把雨伞。

3. 太……了　一双皮靴一千六百块，太贵了。

4. 小时候　我小时候不太爱看书。

12 Questions.

1. 在你们国家，一年有几个季节？

2. 每个季节的天气怎么样？

3. 你最喜欢哪个季节？

4. 冬天你一般穿什么衣服？

5. 你们学校的学生穿校服吗？

6. 你夏天穿什么衣服上学？

7. 你爸爸做什么工作？他一般穿什么衣服上班？

8. 你爸爸工作忙吗？他经常出差吗？

9. 你上个星期有没有买东西？买了什么？花了多少钱？

10. 你喜欢打什么球？打得怎么样？

1 Group the following.

| 西装 | 凉鞋 | 围巾 | 帽子 | 皮鞋 | 袜子 | 皮靴 | 连衣裙 |
| 项链 | 领带 | 套装 | 耳环 | 衬衫 | 手套 | 高跟鞋 | 游泳衣 |

clothing	accessories	footwear

2 Fill in the blanks with the characters in the box to make words/ phrases.

● ● ● 雪　雷　鞋　暑　套　寒　冰　西　伞　快 ● ● ●

1. ☐
   ☐ 假

2. 滑 ☐
   ☐

3. ☐
   ☐ 装

4. ☐
   雨 ☐

5. ☐ 凉
   ☐

3 Rearrange the words / phrases to form a sentence.

1. 秋天 / 凉快 / 的 / 北京。 —→ _____

2. 不用 / 今天 / 上学 / 穿 / 校服。 —→ _____

3. 住 / 小时候 / 在 / 我 / 加拿大。 —→ _____

4. 已经 / 了 / 你 / 有 / 七顶帽子。 —→ _____

4 Match the two parts of a sentence.

_____ 1 这双皮鞋怎么样?   a)当然可以，你试吧!

_____ 2 我可以试一试这条围巾吗?   b)不用,这里春天不是很冷。

_____ 3 我春天去上海要带大衣吗?   c)可能不会去。

_____ 4 王经理在吗?   d)挺合适的，我想买。

_____ 5 爸爸明天会去上班吗?   e)要，还要戴项链。

_____ 6 我今晚要戴耳环吗?   f)他已经下班了。

5 Translate the following sentences.

1. 如果明天下雨，我们就坐出租车去。	4. If it is foggy tomorrow, you should not drive to work.
2. 因为今年的暑假短，所以我们不去英国了。	5. Since it is cold today, you'd better wear your overcoat to school.
3. 你不用等了，王老师已经回家了。	6. No need to bring an umbrella, the rain has stopped.

6 Add more words to each category.

1. 暖和 _____ _____ _____

2. 帽子 _____ _____ _____

3. 滑冰 _____ _____ _____

4. 衬衫 _____ _____ _____

5. 爷爷 _____ _____ _____

6. 矮 _____ _____ _____

7 Fill in the blanks with the words in the box.

> 已经　亲爱　因为　祝　房间　冬天　最好　寒假

_____ 的小明：

你好！

如果你今年____能来，你可以住在我哥哥的_____里，因为他____去美国上大学了。你来时____带大衣，还要带围巾、帽子和手套，因为这里的____很冷。你还要带一双皮靴来，____一月份这里经常下雪。

____好！

朋友：小天

十一月二十五日

8 Fill in the blanks with the measure words in the box.

个	把
件	双
顶	副
条	位

❶ 一____袜子　❷ 一____领带　❸ 一____游泳衣

❹ 一____帽子　❺ 一____手套　❻ 一____老师

❼ 一____雨伞　❽ 一____学校　❾ 一____耳环

9 Find the opposite words in the box.

凉快	寒
出生	长
瘦	高

1. 矮 → _____　　4. 胖 → _____

2. 短 → _____　　5. 去世 → _____

3. 暑 → _____　　6. 暖和 → _____

10 Complete the sentences.

1. 因为我今天生病，_____

2. 如果今年春节你去北京，_____

3. 这双皮靴太贵了，_____

4. 我小时候_____

11 Reading comprehension.

我妈妈是一家美国公司的经理。她工作很忙，还常常出差，但是她每次出差都会给我买东西。上个星期妈妈出差去了上海。她给我买了几件衬衫和一双皮鞋，一共花了一千多块。

Tick if true, cross if false.

_____ 1 她妈妈是美国人。

_____ 2 她妈妈工作不太忙。

_____ 3 她妈妈经常出差。

_____ 4 她妈妈上个星期出差去上海了。

_____ 5 她妈妈出差时经常给她买东西。

_____ 6 妈妈花了¥800买了几件衬衫。

12 Essay writing.

Write a paragraph about the weather conditions of your city.
You should include:
- how many seasons in a year
- the weather conditions in each season
- the clothes you usually wear in each season
- the activities you like to do in each season

Unit 3

Lesson 7 Subjects of Study 科目

Text 1

1 Match the picture with the answer.

1  英文 2   3

Answers
a) 英文
b) 汉语
c) 数学
d) 电脑
e) 物理
f) 化学
g) 生物
h) 地理
i) 历史
j) 体育
k) 音乐
l) 美术

4 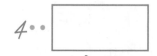 5  6

7  8  9

10  11  12

2 Write the meaning of each word.

滑冰 → 冰球 → 球鞋 → 鞋子 → 子女 → 女孩儿

72

3 Find the opposite words in the box and write them down.

有用　漂亮　好听
容易　里面　凉快
难吃　冷　　左
高　　长　　胖

1. 难听 —→ _____
2. 没用 —→ _____
3. 暖和 —→ _____
4. 好吃 —→ _____
5. 外面 —→ _____
6. 难看 —→ _____

7. 热 —→ _____
8. 难 —→ _____
9. 右 —→ _____
10. 瘦 —→ _____
11. 短 —→ _____
12. 矮 —→ _____

4 Complete the sentences.

1. 我喜欢冬天，因为我可以在冬天滑冰和滑雪。

2. 我不喜欢学物理，_____

3. 弟弟今天没有去上学，_____

4. 我觉得汉语很难学，_____

5 Write the radicals.

1. [ ] disease
2. [ ] fire
3. [ ] claw
4. [ ] bow
5. [ ] strength
6. [ ] ritual
7. [ ] border
8. [ ] animal
9. [ ] shell

73

6 Fill in the timetable and complete the paragraph.

星期五
8:30-

这是我星期五的课程表。
我们 ＿＿＿＿＿ 开始上课。我们
中午 ＿＿＿＿＿ 吃午饭，下午
＿＿＿＿＿ 放学。我们上午上
＿＿＿＿ 节课，下午上 ＿＿＿＿＿
节课。星期五我有 ＿＿＿＿＿＿
＿＿＿＿＿＿＿＿＿＿＿＿＿＿＿＿
＿＿＿＿＿＿＿＿＿＿＿＿＿＿＿＿
＿＿＿＿＿＿＿＿＿＿＿＿＿＿＿＿

7 Complete the sentences.

1. 地理老师对我很好，＿＿＿＿＿＿＿＿＿＿＿＿＿＿

2. 我喜欢上电脑课，＿＿＿＿＿＿＿＿＿＿＿＿＿＿＿＿

3. 我觉得 ＿＿＿＿＿＿＿＿＿＿＿＿＿＿＿＿＿＿＿＿＿

4. 我今年学九门课：＿＿＿＿＿＿＿＿＿＿＿＿＿＿＿＿

5. 我每天早上 ＿＿＿＿＿＿＿＿＿＿＿＿＿＿＿＿＿＿＿

6. 放学回家以后我先 ＿＿＿＿＿＿＿＿＿＿＿＿＿＿＿

7. 晚上我在家除了 ＿＿＿＿＿＿＿＿＿＿＿＿＿＿＿＿

8. 我周末一般 ＿＿＿＿＿＿＿＿＿＿＿＿＿＿＿＿＿＿＿

8 Circle the phrases and write them down with their meanings.

美	物	地	经	日
国	术	理	历	史
听	音	乐	数	出
容	写	化	学	生
易	兴	趣	校	物

1 _____ 6 _____

2 _____ 7 _____

3 _____ 8 _____

4 _____ 9 _____

5 _____ 10 _____

9 Comment on the following subjects.

Words for Reference

a) 对……(不)好

b) 对……(不)感兴趣

c) 觉得

d) 因为……，
   所以……

e) (没)有用

f) 难/容易学

10

Reading comprehension.

小文：

　　你好！

　　今天我拿到了成绩单。今年我上九年级，一共学了十三门课。我今年一共拿到十个A，两个B+和一个B-。三个B的科目都是我不太喜欢的，它们是英语、历史和电脑。我不太爱看书，对历史不感兴趣。我觉得电脑很难学。爸爸说如果我明年电脑拿不到A，就不给我买新电脑。再见！

　　　　　　　好友：小英

　　　　　　　2007年6月3日

≪ Answer the questions:

1. 她今年上几年级？

2. 她今年拿了几个B？

3. 她不喜欢上什么科目？

4. 她爱看书吗？

5. 她觉得电脑课怎么样？

6. 她想得到新电脑吗？

Fill in the blanks with the words/phrases in the box.

| 老师　觉得　化学　对……不好　差不多　对……感兴趣 |

　　我今年上中学二年级，学的科目跟去年的_____，但是我有几个新老师。我很喜欢我的_____老师，他上课非常有趣。我不太喜欢戏剧_____，因为她_____学生_____。我们的戏剧老师也是新老师。我_____她不是个好老师。我_____戏剧也不_____。

12 Write the following in Chinese.

1. 英语

2.

3.

4.

5.

6.

7.

8.

9.

10.

11.

12.

13 Write the opposite words.

1.难 → _____   2.长 → _____   3.有趣 → _____

4.要 → _____   5.左 → _____   6.高大 → _____

7.瘦 → _____   8.凉快 → _____   9.以上 → _____

10.冷 → _____   11.里面 → _____   12.很多 → _____

14

Provide a logical answer for each question.

1. 小明今天为什么不开心?

   因为他爸爸明天又要出差一个星期。

2. 王方今天为什么没有来上学?

3. 为什么很多学生觉得汉语难学?

4. 为什么他昨天晚上很晚睡觉?

5. 你昨天为什么没有做功课?

Fill in the blanks with proper words.

1	打羽毛球 容易学	6	_____ 不容易画
2	_____ 不容易学	7	_____ 好吃
3	_____ 容易做	8	_____ 难吃
4	_____ 不容易做	9	_____ 好看
5	_____ 容易画	10	_____ 难看

Add more words to each category.

1. 帽子 _____ _____   3. 打乒乓球 _____ _____

2. 耳环 _____ _____   4. 皮鞋 _____ _____

17 Extended reading.

暑期班课程

课程名称	日期	时间	对象	收费	名额	节数
1.科学实验	22/7~19/8 (逢二)	10:45-11:45	6-9岁	¥360/节	16	5
2.中国民间舞	23/7~13/8 (逢三)	11:00-12:30	7-8岁	¥300/节	15	4
3.节日美食	18/7~15/8 (逢五)	15:10-16:10	6-10岁	¥250/节	14	5
4.儿童创意绘画	11/7~8/8 (逢五)	09:30-11:00	7-11岁	¥350/节	12	5

《 Answer the questions:

1. 7月18日以前有没有暑期班？

_____

2. 如果你今年九岁，你不可以上哪个班？

_____

3. 哪个暑期班学费最贵？

_____

4. 哪个班下午上课？

_____

18 Find the common part in each pair and write it down.

1.脸 验 _____   2.考 老 _____   3.教 放 _____

4.贵 测 _____   5.意 思 _____   6.难 对 _____

7.觉 学 _____   8.起 趣 _____   9.项 功 _____

10.鞋 靴 _____   11.适 刮 _____   12.受 爱 _____

19 Answer the questions.

1 你们学校一节课多长时间？

2 你每天晚上大概要做多长时间的作业？

3 你们学校一个学期有几次考试？

4 你汉语学了几年了？你觉得难学吗？

20 Fill in the blanks with proper words.

1. <u>学画画儿</u> 很有意思　　4. _____ 没趣

2. _____ 没有意思　　5. _____ 有用

3. _____ 很有趣　　6. _____ 没用

21 Write two sentences about each picture.

1

她跳舞跳(得)很好。她每天跳一个小时的舞。

16:00-17:00

2

18:00-20:00

3

17:00-17:30

4

12:00-12:45

22 Search for the information on the internet and fill in the blanks with Chinese characters.

1. The name of the highest mountain in China: _____

2. The name of the animal which the shape of the map of China looks like: _____

23 Type the following passage on the computer.

　　我今年学十四门课：英文、数学、科学、汉语、地理、历史、音乐、美术、体育、电脑等等。我觉得汉语挺难学，但是我爸爸、妈妈都觉得汉语很有用。我对物理和生物不感兴趣，因为太难学。

24 Reading comprehension.

小英：

　　我今年的成绩很不错，我拿到了十二个A和两个B+。我的两个B+是物理和化学。我平时不太喜欢物理，觉得物理很难学，还有我的物理老师说话太快。我的化学也学得不好，上一次我生病，在家休息了一个月，所以上课的时候我不明白老师讲的东西。明年我会努力学习物理和化学。

　　再见！

友：小文

7月12日

《 **Answer the questions:**

1. 小文今年的成绩怎么样？

2. 小文拿到了几个A？

3. 她物理学得怎么样？

4. 她的化学为什么没有学好？

5. 明年她会用功学哪门课？

Writing task:

Write comments on your last year's school report (80-100 words). You should include:

- the subjects you took last year
- the grades you got
- the subjects you did not get good grades
- the reasons behind
- your target for the new year

Unit 3

Text 1

1 Write the following in Chinese.

1 · · 足球场

2 · ·
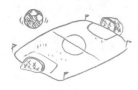

3 · ·

4 · ·

5 · ·

6 · ·

7 · ·

8 · ·

9 · ·

10 · ·

11 · ·
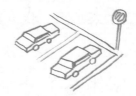

12 · ·

2 Write four characters for each radical.

1. 氵 _____

3. 衤 _____

2. 亻 _____

4. 心 _____

82

3 Write the radicals.

1. ___ ice
2. ___ household
3. ___ feeling
4. ___ cliff
5. ___ vehicle
6. ___ stand
7. ___ leather
8. ___ stop
9. ___ insect

4 Fill in the blanks with the measure words in the box.

个	件	双	门	张	架	辆	朵	把	幢
副	顶	套	节	位	条	头	间	家	种

1. 一___报纸　2. 一___汽车　3. 一___课　4. 一___学生

5. 一___老师　6. 一___皮鞋　7. 一___花　8. 一___西装

9. 一___手套　10. 一___钢琴　11. 一___牛　12. 一___外语课

13. 一___衬衫　14. 一___帽子　15. 一___浴室　16. 一___连衣裙

17. 一___椅子　18. 一___饭店　19. 一___蔬菜　20. 一___教学楼

5 Make a sentence with each group of words given.

① 介绍　家人

③ 今年　……门课

_____

② 学校　有

④ 因为　对……感兴趣

_____

6 Add one character to form a phrase.

1. ＿＿校　　2. ＿＿堂　　3. 足球＿＿　　4. 游泳＿＿

5. ＿＿场　　6. 报＿＿　　7. ＿＿球场　　8. 图书＿＿

9. ＿＿育馆　　10. 杂＿＿　　11. ＿＿车场　　12. 教学＿＿

7 Describe the picture.

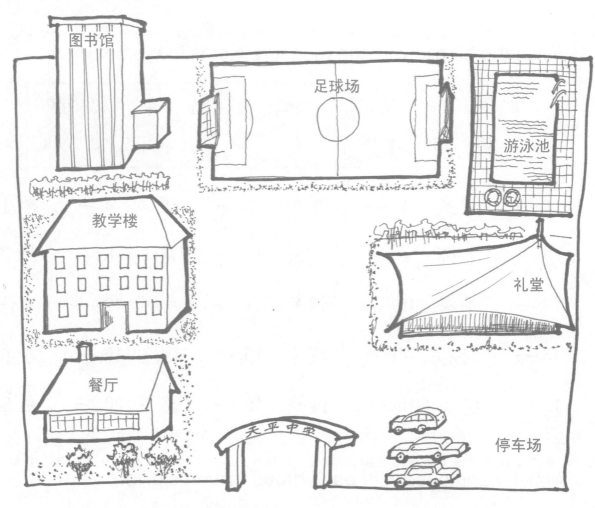

教学楼在图书馆的前面。

_____

_____

_____

_____

8 Combine one part in each box to form a character.

冫	亻	土	口	扌
钅	礻	王	厂	木

冬	官	亭	易	求
乚	也	枭	交	丁

1. 池   2. _____   3. _____   4. _____   5. _____

6. _____   7. _____   8. _____   9. _____   10. _____

9 Answer the questions.

1. 你们学校叫什么学校？

_____

2. 你今年学几门课？

_____

3. 你最喜欢上哪门课？为什么？

_____

4. 你觉得哪门课有趣？

_____

5. 你觉得哪门课难学？

_____

6. 你们学校有几幢教学楼？

_____

7. 你们学校有游泳池吗？

_____

8. 你们学校的图书馆大吗？

_____

9. 你们的图书馆里有什么书？

_____

10. 你在这个学校读了几年了？

_____

10 Add more words/phrases to each category.

1. 礼堂 _____ _____ _____ _____

2. 生物 _____ _____ _____ _____

3. 滑冰 _____ _____ _____ _____

11 Reading comprehension.

我今年九月开始上中学了。我们的中学不太大，学校里有六幢教学楼、一个图书馆、一个礼堂、四个篮球场、一个体育馆和一个小游泳池。学校还有一个小卖部，卖各种小吃、零食及午饭。我每天都会去那里买糖果和午饭吃。我非常喜欢我的新学校。

True or false:

____ 1 他现在是中学生。

____ 2 他们学校有六个篮球场。

____ 3 他们学校没有游泳池。

____ 4 他可以在学校买午饭吃。

____ 5 他不常去小卖部买零食吃。

____ 6 他很喜欢他的新学校。

12 Fill in the blanks with the words in the box.

因为　有意思　老师　最　常常　觉得　太　喜欢

我今年学十四门课。我____喜欢上体育课，____我爱体育运动，而且体育课没有作业。我挺____数学，因为数学很____。我不____喜欢地理，因为地理____教得不好，我们还____有考试和测验。

•13• Translate from English to Chinese.

1. | parking lot |　　*2.* | library |　　*3.* | playground |　　*4.* | school hall |

停车场

5. | classroom |　　*6.* | computer room |　　*7.* | music room |　　*8.* | school clinic |

9. | teachers' office |　　*10.* | laboratory |　　*11.* | male toilet |　　*12.* | female toilet |

13. | principal's room |　　*14.* | swimming pool |　　*15.* | back door |　　*16.* | school canteen |

•14• Write the simple characters.

1. 　　1/30 metre

2. 　　rice

3. 　　foot

4. 　　fight

5. 　　strength

6. 　　blue; green

7. 　　stand

8. 　　arrow

9. 　　utensil

15 Find the common part in each pair and write it down.

1. 到 室 _____ 2. 医 矮 _____ 3. 疼 图 _____

4. 领 颜 _____ 5. 师 帅 _____ 6. 觉 视 _____

7. 戚 叔 _____ 8. 脸 验 _____ 9. 数 楼 _____

10. 快 块 _____ 11. 请 晴 _____ 12. 咳 刻 _____

16 Write the meanings of each radical and simple character.

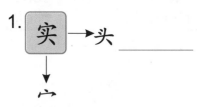

1. 实 → 头 _____
   ↓
   宀 _____

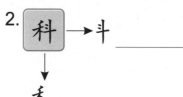

2. 科 → 斗 _____
   ↓
   禾 _____

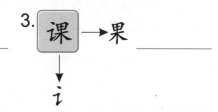

3. 课 → 果 _____
   ↓
   讠 _____

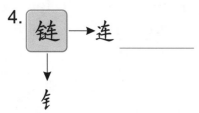

4. 链 → 连 _____
   ↓
   钅 _____

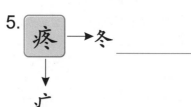

5. 疼 → 冬 _____
   ↓
   疒 _____

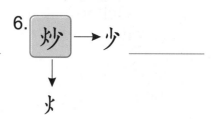

6. 炒 → 少 _____
   ↓
   火 _____

17 Look at the picture. Tick if true and cross if false.

____ 1 课本在书架的最上层。

____ 2 书架上有汉英字典。

____ 3 影碟在录像带上面。

____ 4 书架上没有教科书。

____ 5 白纸在书架的最下层。

____ 6 电脑游戏机在国家地理
　　　杂志的旁边。

18 Read the paragraph and then draw a layout of the school.

Words for Reference

a) 上面

b) 下面

c) 前面

d) 后面

e) 左面

f) 右面

g) 对面

h) 中间

i) 隔壁

j) 旁边

k) 楼上

l) 楼下

实验室在音乐室旁边。电脑室在餐厅楼上。男厕所在女厕所隔壁。礼堂在图书馆右面。校长室在礼堂对面。汉语教室在医务室楼下。游泳池在体育馆后面。停车场在学校大门左面。饭店在学校大门外面。足球场在学校后门旁边。

19 Answer the questions.

1. 你们学校有游泳池吗?

2. 你们学校有几幢教学楼?

3. 你们的汉语教室在几层?

4. 你们学校有停车场吗?

5. 校长室的左边是什么?

6. 你们学校的图书馆一共有几层?

7. 图书馆里有什么书?

8. 你们学校有几间化学实验室? 在哪儿?

9. 你们汉语老师的办公室在哪儿?

10. 从你家去学校走路要多长时间?

20 Arrange the school facilities and then describe the school in Chinese.

21 Search for the information on the internet and fill in the blanks with Chinese characters.

1. The name and length of the longest river in China: _____ _____

2. The name and length of the second longest river in China: _____

_____

22 Type the following passage on the computer.

　　我以前就读的小学很小。全校只有两百多个学生，有一幢教学楼、一个小操场，没有游泳池。我们的礼堂在一楼，图书馆在二楼。图书馆里的书不多。教师办公室在校长室的隔壁。

23 Reading comprehension.

　　我们班的教室在五楼。我们学校没有电梯，所以我每天要背着书包上下五楼。星期一、四和五最累了，因为我每一个科目的书都在书包里。我最喜欢星期二和星期三，因为我有体育、戏剧和音乐课，这些科目都没有课本。明年我们的教室会在三楼，我就不会觉得我的书包太重了。

《 Answer the questions:

1. 他现在的教室在几楼？

2. 他的学校有电梯吗？

3. 他星期几最累？

4. 他最喜欢哪一天？为什么？

5. 他明年的教室会在几楼？

Writing task:

Write about your school life (80-100 words). You should include:

* location of your classroom
* your most favourite and least favourite days in a week, and why
* subjects you like and dislike, and why

Unit 3

Lesson 9   Stationery   文具

Text 1

1 Match the picture with the answer.

1. 钢笔 2. [ ] 3. [ ] 4. [ ]

Answers

a) 课本
b) 练习本
c) 日记本
d) 铅笔
e) 尺子
f) 橡皮
g) 卷笔刀
h) 文具盒
i) 卡片
j) 小说
k) 钢笔
l) 毛笔

5. [ ] 6. [ ] 7. [ ] 8. [ ]

9. [ ] 10. [ ] 11. [ ] 12. [ ]

2 Add characters to make phrases.

1. 皮   2. 小   3. 见   4. 日

3 Fill in the blanks with the measure words in the box.

块 本 盒 张 把 幢 辆 间 个 家 朵

1. 一___橡皮　　2. 一___小说　　3. 一___卡片

4. 一___教室　　5. 一___汽车　　6. 一___小花

7. 一___课本　　8. 一___尺子　　9. 一___教学楼

10. 一___桌子　　11. 一___书店　　12. 一___文具盒

4 Answer the questions.

1. 你一起床就做什么？

_____

2. 你一到家后先做什么？

_____

3. 你妈妈下班到家后先做什么？

_____

4. 你爸爸周末一般做什么？

_____

5. 你的书包里有什么东西？

_____

6. 你的文具盒里有什么东西？

_____

5 Write the simple characters.

1. ___ sunset

2. ___ heart

3. ___ eye

4. ___ towel

5. ___ flat; smooth

6. ___ soil

7. ___ horn

8. ___ page

9. ___ stone

93

6 Write one sentence about each picture.

1 这家文具店卖
铅笔、
_____

2 _____
_____

3 _____
_____

4 _____
_____

5 _____
_____

6 _____
_____

7 Guess the meanings of the following words and then check them up in the dictionary.

1. 卡路里 _____   2.进去 _____   3.饭盒 _____

   卡车 _____   出来 _____   盒饭 _____

4. 卷发 _____   5.直尺 _____   6.日记 _____

   直发 _____   三角尺 _____   笔记 _____

8 Fill in the blanks with characters and write the meanings.

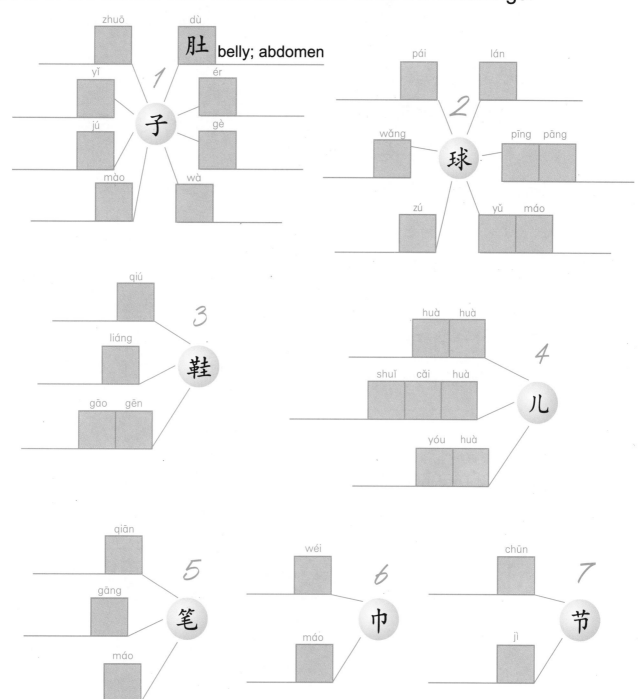

1.
- zhuō
- dù 肚 belly; abdomen
- yǐ
- jú
- mào
- ér
- gè
- wà
- 子

2.
- pái
- lán
- wǎng
- pīng pāng
- zú
- yǔ máo
- 球

3.
- qiú
- liáng
- gāo gēn
- 鞋

4.
- huà huà
- shuǐ cǎi huà
- yóu huà
- 儿

5.
- qiān
- gāng
- máo
- 笔

6.
- wéi
- máo
- 巾

7.
- chūn
- jì
- 节

9 Add more phrases starting with the last character of the previous one.

篮球 → 球 □ → □ → □ → □ → □

95

10 Reading comprehension.

上个星期搬家的时候，妈妈跟我说家里的文具太多了，以后不要再买了。妈妈说我有三四十支铅笔、八九把尺子、十五六块橡皮、七八个卷笔刀、六七个文具盒，还有很多练习本。除了这些，我还有七八十本英文小说。弟弟也有八九十本小人书。

《 Answer the questions:

1. 他们家是什么时候搬家的？

2. 他家的文具多吗？

3. 他家有多少支铅笔？

4. 他有几个卷笔刀？

5. 他家有很多杂志，是吗？

6. 他弟弟读什么书？

11 Fill in the blanks with the words in the box.

两点　学生们　但是　……的时候
小时候　有时候　文具店　开始

我们学校有一个文具店。文具店不大，＿＿＿＿里边有各种文具、纸、本子等等。＿＿＿＿早上九点开门，下午＿＿＿＿关门。课间休息＿＿＿＿和午饭时间，＿＿＿＿去那里买文具。

上个星期新学期＿＿＿＿，买文具的学生就特别多。

96

Text 2

12 Write one sentence about each picture.

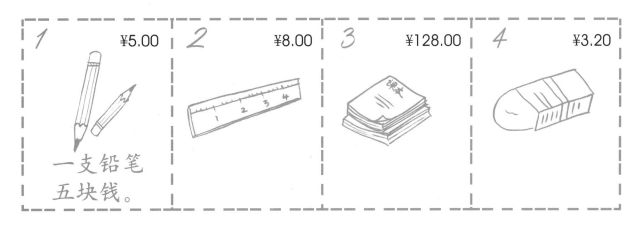

1. ¥5.00

一支铅笔
五块钱。

2. ¥8.00

3. ¥128.00

4. ¥3.20

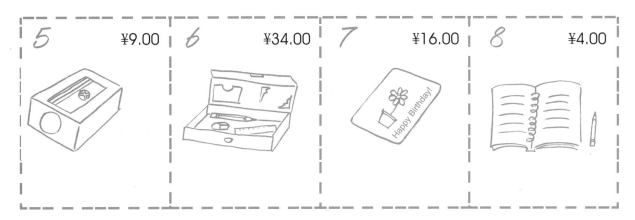

5. ¥9.00

6. ¥34.00

7. ¥16.00

8. ¥4.00

13 Fill in the blanks with the words in the box.

吗
呢
吧

1. 今天你来我家，行____？

2. 我没有带尺子，你____？

3. 你爸爸最近忙____？

4. 我不能借给你，我正用____。

5. 我们一起去吃饭____！

6. 我可以借你的笔用一下____？

97

14 Answer the questions.

1 昨天早上七点你正在干什么？ _____

2 昨天早上八点半你正在干什么？ _____

3 昨天上午十点你正在干什么？ _____

4 昨天下午五点你正在干什么？ _____

5 昨晚八点你正在干什么？ _____

6 一个小时以前你在干什么？ _____

15 Complete the dialogues.

1. A: 对不起！   3. A: 请坐。

   B: _____   B: _____

2. A: 谢谢你！   4. A: 你打错电话了！

   B: _____   B: _____

16 Extended reading.

a) 学校图书馆

b) 西安美术馆

c) 海事博物馆

d) 美美文具店

e) 大光明电影院

f) 香港演艺文化中心

Put the right letter in the box.

1.如果你要买铅笔,你应该去 ☐ 。

2.如果你要借书,你应该去 ☐ 。

3.如果你想看电影,你应该去 ☐ 。

4.如果你想看国画儿,你应该去 ☐ 。

17 Fill in the blanks with the words in the box.

借　还　穿　带　戴　教　写　滑　买　踢

1.弟弟___球时脚受伤了。

2.妈妈不会 ___雪。

3.我今天没 ___计算器。

4.化学老师 ___得最好。

5.我觉得汉字很难 ____。

6.学生不可以 ___高跟鞋上学。

7.我 ___你的尺子用一下，行吗?

8.妹妹想 ___一个文具盒。

9.我下午 ___给你，可以吗?

10.你今天外出不用 ___帽子。

18 Guess the meanings of the words and then check them up in the dictionary.

1. 忘记_____

   难忘_____

2. 租借_____

   借口_____

3. 算术_____

   打算_____

4. 乐器_____

   电器_____

5. 同班_____

   同行_____

6. 正门_____

   正好_____

19 Translate from Chinese to English.

1.你还想吃别的东西吗?_____

2.你还想买别的文具吗?_____

3.你还想借别的东西吗?_____

4.我还有别的功课要做。_____

5.我们家别的亲戚都住在美国。_____

It is your turn!

Make one statement and one question with "别".

20 Write one dialogue about each picture.

1

A: <u>借我一件毛衣穿</u>
<u>一下，行吗?</u>
B: <u>可以,但是你等</u>
<u>一会儿还给我。</u>

3

A: _____
_____
B: _____
_____

2

A: _____
_____
B: _____
_____

4

A: _____
_____
B: _____
_____

21 Respond to the situations.

1. 你今天忘记带汉语练习本了，你怎么办?

<u>我可以跟同学借一本,</u>

<u>或者去买一本。</u>

2. 上数学课的时候，你需要用直尺、计算器和铅笔。你今天忘记带了，你怎么办?

_____

_____

3. 你今天要在餐厅买午饭吃。但是你忘记带钱了，你怎么办?

_____

_____

4. 你忘记做汉语作业了，你怎么跟汉语老师说?

_____

_____

22 Search for the information on the internet and fill in the blanks with Chinese characters.

1. The language used by the most people in the world: _____

2. List two Chinese dialects: _____ _____

23 Type the following passage on the computer.

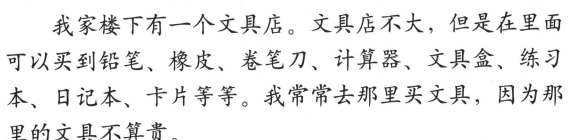

我家楼下有一个文具店。文具店不大，但是在里面可以买到铅笔、橡皮、卷笔刀、计算器、文具盒、练习本、日记本、卡片等等。我常常去那里买文具，因为那里的文具不算贵。

24 Reading comprehension.

我们班上有一个男同学叫田力。他经常不带文具盒，差不多每天都会跟同学借文具。今天借铅笔、橡皮，明天借尺子、计算器，真烦人。因为我每次都带文具盒，所以他每次都跟我借文具。我觉得我应该帮他，可是我觉得他很烦。你说我应该怎么办？

True or false:

____ 1 田力每天都不带书包上学。

____ 2 田力不是每天跟同学借文具。

____ 3 "我"每次都会借给田力文具。

____ 4 "我"觉得田力这个人很烦。

____ 5 "我"喜欢帮助人。

Writing task:

Write about one of your classmates (80-100 words). You should include:
- his/her appearance
- his/her bad habits of keeping borrowing stuff from you
- whether you like to help and why
- whether you will continue to help

Unit 3 Revision

1 Subjects of study.

科目：物理　生物　化学　地理

2 School facilities.

教学楼(幢)　图书馆　礼堂　操场　体育馆　篮球场　足球场

游泳池　停车场　教室　实验室　男/女厕所　校长办公室

教师办公室　文具店　三层＝三楼　校医室

3 Nouns.

文具：铅笔　尺子　橡皮　卷笔刀　练习本　日记本　文具盒

　　　计算器

卡片　小说　课本　功课　测验　考试　同学　学期　兴趣

4 Verbs.

觉得　写　介绍　忘记　借　还　进　看见　教

5 Position words.

左边　右边　中间　里边/面　旁边　隔壁

6 Adjectives.

难　容易　有用　有意思　行

7 Question word.

为什么

8 Measure words.

支　幢

9 Other.

别

10 Set phrases.

1. 对……好　学校的老师都对我很好。

2. 对······感兴趣　我对物理不感兴趣。

3. 为什么　你为什么昨天没来上学？

4. 一······就······　你一放学就回家。

5. complement of result　你一进校门就可以看见图书馆。

11 Questions.

1. 你今年多大了？上几年级？

2. 你在哪个学校上学？

3. 你在这个学校几年了？你喜欢你的学校吗？

4. 你今年学几门课？哪几门课？

5. 你觉得什么科目难学？为什么？

6. 你每天功课多吗？你每天一般要做几个小时的功课？

7. 你们经常有测验/考试吗？

8. 你的书包里有什么？你的文具盒里有什么？

9. 你经常忘记带文具盒去学校吗？

10. 你们学校有文具店吗？文具店卖什么？

11. 你经常跟同学借东西吗？一般借什么东西？

12. 你能介绍一下你的学校吗？

Unit 3 Test

1 Group the following.

物理 铅笔 尺子 生物 教室 橡皮 教学楼 校医室 实验室
礼堂 地理 厕所 操场 礼堂 化学 停车场 计算器 图书馆

subjects of study	school facilities	stationery

2 Fill in the blanks with the measure words in the box.

支	把
块	个
本	张
幢	顶
副	双

1. 一＿ 小说　　2. 一＿ 尺子　　3. 一＿ 橡皮

4. 一＿ 铅笔　　5. 一＿ 帽子　　6. 一＿ 文具盒

7. 一＿ 袜子　　8. 一＿ 卡片　　9. 一＿ 卷笔刀

10. 一＿ 雨伞　　11. 一＿ 手套　　12. 一＿ 教学楼

3 Make one sentence with each group of words given.

1. 对……感兴趣　化学	3. 对……好　同学们
2. 觉得　难学	4. 一……就……　看见

104

4 Rearrange the words/phrases to form a sentence.

1. 忘记／今天／带／我／文具盒／了。 → _____

2. 还／就／我／一会儿／你／给。 → _____

3. 难／觉得／汉字／我／写。 → _____

4. 为什么／没有／功课／你／做? → _____

5. 物理／下个星期／考试／有／我。 → _____

5 Find the opposite words in the box.

有用	容易	进
里边	借	直

1. 没用→ _____   4. 难→ _____

2. 外边→ _____   5. 卷→ _____

3. 还 → _____   6. 出 → _____

6 Find mistakes and then write down the correct sentence / question.

1. 我特别感兴趣对生物。 → _____

2. 我觉得化学是很有意思。 → _____

3. 体育馆在左边的礼堂。 → _____

4. 明天我一放学就我回家。 → _____

5. 多长时间你每天晚上做功课? → _____

7 Fill in the blanks with the words in the box.

得　难　合适　容易　最　功课　忙　测验　好

今天星期三，是我一星期里最＿＿的一天，因为今天＿＿最多。第一、二节是汉语课。我喜欢学汉语，但是我觉得汉语挺＿＿学的，汉字也难写，又不＿＿记。第三、四节是英语课。我也喜欢学英语，因为我的英语老师教＿＿很好，但是他每次都给我们课后作业。第五、六节是数学课，我们经常有数学＿＿。最后两节是科学课。我＿＿喜欢我的科学老师，因为她对我很＿＿，但是她每次都给我们很多作业。

8 Translate from English to Chinese.

1. The library is next to the school hall.	4. The swimming pool is to the left of the girls' toilet.
2. The rubber is inside the pencil case.	5. The teachers' office is in the middle of the principal's office and the stationery shop.
3. My classroom is on the third floor.	6. The car park is beside the football pitch.

9 Reading comprehension.

我叫张天文，今年上九年级。我们的学校叫平山五十中学。我们的学校挺大的，有礼堂、图书馆、操场、篮球场、教学楼、游泳池、体育馆、停车场和实验楼。我们班的教室在三楼，305室。

我每天上六节课，从上午八点半到下午三点半。放学后我常跟同学一起打篮球。我有时候去图书馆看书、借书。学校的老师和同学都很友好。我非常喜欢我们的学校。

《 **Answer the questions:**

1. 张天文今年上几年级？

2. 他们班的教室在几楼？

3. 他们学校有游泳池吗？

4. 他常去图书馆干什么？

5. 他什么时候跟同学一起打篮球？

6. 他为什么喜欢他们学校？

10 Describe the school in Chinese.

Text 1

1 Match the picture with the answer.

1. 牛肉 2. ☐ 3. ☐ 4. ☐

5. ☐ 6. ☐ 7. ☐ 8. ☐

Answers

a) 猪 肉

b) 牛 肉

c) 羊 肉

d) 鸡 肉

e) 活 鱼

f) 活 虾

g) 豆 腐

h) 蔬 菜

2 Circle the phrases and write them down with their meanings.

猪	牛	羊	新	鲜
鸡	肉	活	鱼	土
卷	片	虾	豆	腐
便	心	青	冻	南
宜	蔬	菜	黄	瓜

1 _____   6 _____

2 _____   7 _____

3 _____   8 _____

4 _____   9 _____

5 _____   10 _____

3 Write the simple characters.

1. ☐ 1/30 metre _____

2. ☐ rice _____

3. ☐ foot _____

4. ☐ fight _____

5. ☐ strength _____

6. ☐ blue; green _____

7. ☐ arrow _____

8. ☐ utensil _____

9. ☐ dawn _____

4 Write the following in Chinese.

1. 生菜

2. ☐

3. ☐

4. ☐

5. ☐

6. ☐

7. ☐

8. ☐

9. ☐

10. ☐

11. ☐

12. ☐

13. ☐

14. ☐

15. ☐

5 Write the opposite words.

1. 胖 → _____

2. 暖和 → _____

3. 有用 → _____

4. 进 → _____

5. 有趣 → _____

6. 容易 → _____

7. 贵 → _____

8. 难看 → _____

9. 有意思 → _____

6 Write one sentence about each picture.

1. 这家花店卖各种花。

2.

3.

4.

5.

6.

7.

7 Translate from Chinese to English.

1 各个学校 every school

2 各位老师

3 各家餐厅

4 各种书报

5 各个菜市场

6 各家饭店

7 各种文具

8 各家医院

8 Complete the sentences.

1. 你在家具店可以买到床、_____

2. 你在书店可以买到 _____

3. 你在服装店 _____

4. 你在水果店 _____

5. 你在菜市场 _____

9 Write the meanings of the words and then check them up in the dictionary.

1 鸡冠

2 尾巴

3 羽毛

4 翅膀

5 爪子

10 Complete the sentences.

1. 我的头发比 *姐姐的* 长。

2. 我们家的汽车比 _____

3. 这个菜市场的菜比 _____

4. 我的电脑比 _____

5. 我们学校的学生比 _____

6. 这顶帽子比 *那顶好看。*

7. 这条项链比 _____

8. 这双皮靴比 _____

9. 这副耳环比 _____

10. 这件衬衫比 _____

11 Reading comprehension.

我妈妈最近在减肥。猪肉、牛肉、羊肉、鸡肉，她都不吃。她只吃鱼、虾、蔬菜、豆腐和水果。她也会喝牛奶，吃一点儿奶酪。她每天会吃四五种蔬菜和水果。她还喝很多水。因为她工作比较忙，所以没有太多时间做运动。所以我觉得她瘦得很慢。

《 Answer the questions:

1. 他妈妈现在吃牛肉吗？

2. 她现在只吃什么？

3. 她每天要吃几种蔬菜和水果？

4. 她每天喝什么？

5. 她工作忙吗？

6. 她最近瘦了很多吗？

12 Fill in the blanks with the words in the box.

除了……以外　　贵　　超级市场　　便宜

但是　　新鲜　　附近　　因为

我们的新家＿＿＿没有菜市场，所以我们要去＿＿＿买东西。这家超级市场挺大的，＿＿＿卖吃的、喝的＿＿＿，还卖用的。＿＿＿，妈妈说那里的蔬菜不＿＿＿，还比菜市场上卖的＿＿＿很多。

`13` Write one sentence about each picture.

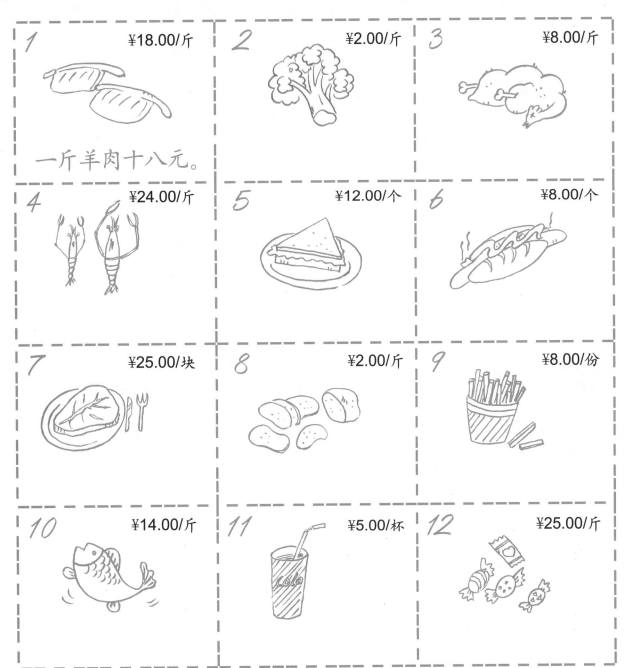

1 ¥18.00/斤

一斤羊肉十八元。

2 ¥2.00/斤

3 ¥8.00/斤

4 ¥24.00/斤

5 ¥12.00/个

6 ¥8.00/个

7 ¥25.00/块

8 ¥2.00/斤

9 ¥8.00/份

10 ¥14.00/斤

11 ¥5.00/杯

12 ¥25.00/斤

`14` Add characters to make phrases.

1. 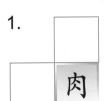 肉

2. 薯

3. 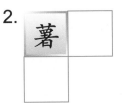 果

4. 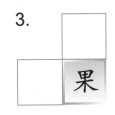 常

15 Categorize the following.

炒菜	炒面	糖果	炸鸡翅	比萨饼
可乐	汽水	炒青菜	炒大虾	红烧豆腐
热狗	薯片	汉堡包	三明治	咖喱牛肉

(中餐)　　(快餐)　　(零食)　　(饮料)

16 Rearrange the words / phrases to form a sentence.

1. 吃 / 每天 / 在学校餐厅 / 我 / 午饭 / 买。

→ _____

2. 觉得 / 猪排饭 / 我 / 贵 / 有一点儿。

→ _____

3. 通常 / 晚饭 / 我们家 / 吃 / 中餐。

→ _____

4. 羊肉 / 我 / 喜欢 / 或者 / 都 / 牛肉，/ 吃。

→ _____

5. 差不多 / 每天 / 我 / 炒菜、/ 都 / 米饭 / 吃。

→ _____

17 Write the meaning of each radical and simple character.

1. 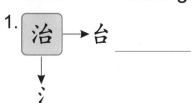 治 → 台 _____
氵 _____

2. 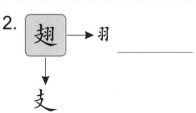 翅 → 羽 _____
支 _____

3. 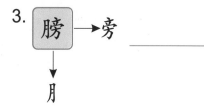 膀 → 旁 _____
月 _____

4. 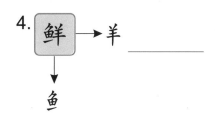 鲜 → 羊 _____
鱼 _____

5. 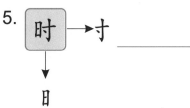 时 → 寸 _____
日 _____

6. 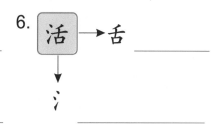 活 → 舌 _____
氵 _____

7. 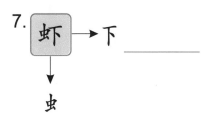 虾 → 下 _____
虫 _____

8. 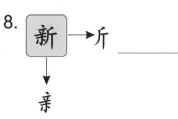 新 → 斤 _____
亲 _____

9. 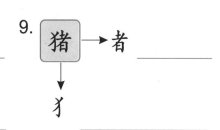 猪 → 者 _____
犭 _____

18 Answer the questions.

1. 你是哪国人？你在哪儿出生？_____

2. 你现在就读的学校叫什么学校？_____

3. 你长什么样儿？_____

4. 你去过哪些国家？_____

5. 你喜欢穿什么衣服？_____

6. 你喜欢吃哪种饭菜？_____

7. 你喜欢喝什么饮料？_____

8. 你有什么爱好？_____

9. 你暑假一般去哪儿过？_____

19 Extended reading.

菜单A：中式		
冷盘：	五香牛肉	¥58.00
	皮蛋豆腐	¥40.00
	小黄瓜	¥35.00
主食：	红烧排骨	¥65.00
	松子桂鱼	¥202.00
	葱爆牛肉	¥70.00
	咸肉青菜汤年糕	¥78.00
甜品：	豆沙烧饼	¥34.00
	煎八宝饭	¥46.00

菜单B：西式		
汤类：	西红柿汤	¥36.00
	扁豆汤	¥32.00
主食：	串烧鸡柳	¥69.00
	浓汁咖喱虾	¥98.00
	葡汁咖喱鱼	¥76.00
	香葱羊肉	¥67.00
	辣味杂菜	¥58.00
甜品：	鲜奶棉花球	¥32.00
	雪糕	¥30.00

《 Answer the questions:

1. 中餐里，哪个菜最贵？

2. 如果你吃中餐，你可以喝到汤吗？

3. 吃中餐，你可以吃到虾吗？

4. 西餐中有牛肉吗？

5. 你想吃鸡肉，你可以吃哪个菜？

6. 哪个菜里有羊肉？

20 Guess the meanings of the words and then check them up in the dictionary.

1. 柳树＿＿＿＿

2. 炸弹＿＿＿＿

3. 壁球＿＿＿＿

4. 肩膀＿＿＿＿

5. 海鲜＿＿＿＿

6. 龙虾＿＿＿＿

7. 水平＿＿＿＿

8. 烤鸭＿＿＿＿

9. 卷心菜＿＿＿＿

10. 胶水＿＿＿＿

11. 度假＿＿＿＿

12. 口香糖＿＿＿＿

21 Search for the information on the internet and fill in the blanks with Chinese characters.

1. The names of three traditional Chinese festivals: _____ _____ _____

2. The date of the coming Chinese New Year: _____

22 Type the following passage on the computer.

　　我一般不吃早饭。午饭我一般在学校买盒饭吃。有时候我也吃炸鸡翅、炸薯条。晚饭我们家一般吃中餐，有鱼、猪肉、鸡、豆腐、虾和各种蔬菜。我们家周末有时候去饭店吃饭。我最喜欢吃快餐。汉堡包、比萨饼、热狗，我都喜欢吃。

23 Reading comprehension.

　　小明从小就不喜欢吃东西。每天早餐他只吃一小块儿面包，喝一杯牛奶。中午他不爱吃别的三明治，只吃巧克力或花生酱三明治，喝一包柠檬茶。晚饭他也吃得不多，吃一点儿米饭加一些炒菜。他最喜欢吃炸鸡翅和糖果，所以他一直个子小小的、瘦瘦的。他上六年级的时候，还经常有人问他是不是八岁了。

True or false:

_____ 1 小明个子不高。

_____ 2 他早饭吃面包、喝牛奶。

_____ 3 他中午吃三明治、喝可乐。

_____ 4 他晚饭吃西餐。

_____ 5 他喜欢吃糖和水果。

_____ 6 他八岁时上六年级。

Writing task:

Write about your eating habits (80-100 words). You should include:

- food and drinks for breakfast, lunch and supper
- your favourite food or snacks
- your height and your physical build

Unit 4

Text 1

1 Write the following in Chinese.

1 炸鸡翅

2

3

4

5

6

7

8

9

10

11

12

2 Answer the questions.

1.你从小就喜欢吃什么？

2.你从小就喜欢做什么？ _____

3.你小时候住在哪儿？ _____

4.你周末通常做什么？ _____

3 Fill in the blanks with the words in the box.

> 总是　每天　最　从小　各种各样
>
> 对……好　比如　正餐

弟弟很不喜欢吃＿＿＿＿。他＿＿＿＿就喜欢吃零食。他

＿＿＿都吃薯片、巧克力、饼干等。他＿＿＿喜欢吃的是糖果。

妈妈＿＿＿＿对他说："吃太多糖＿＿＿牙齿不＿＿＿。"

4 Translate from English to Chinese.

1. eye ＿＿＿＿＿　2. head ＿＿＿＿＿　3. hair＿＿＿＿＿　4. hand＿＿＿＿＿

5. nose＿＿＿＿＿　6. ear ＿＿＿＿＿　7. leg ＿＿＿＿＿　8. foot ＿＿＿＿＿

9. face ＿＿＿＿＿　10. tooth ＿＿＿＿＿　11. mouth＿＿＿＿＿　12. tongue＿＿＿＿＿

5 Complete the following paragraph.

我爸爸＿＿＿＿＿＿＿起床。他一起

床就＿＿＿＿＿＿＿＿＿＿＿＿＿＿＿

他＿＿＿＿＿＿＿去上班。他穿＿＿＿＿＿＿

＿＿＿＿。他的午饭时间是＿＿＿＿＿＿＿

＿＿＿＿。他一到家就先＿＿＿＿＿＿＿

＿＿＿＿＿＿＿＿＿＿＿＿＿＿＿＿＿＿＿。

Words for Reference
a) 总是
b) 经常
c) 平时
d) 一般
e) 每天

119

6 Complete the paragraphs with correct answers.

1 妈妈常常对我说："不要吃太多零食。"我总是对妈妈说："我从小就喜欢吃零食。"

2 老师经常对我说："上课不要说话。"我说："_____"

3 爸爸经常对我说："不要常常吃快餐。"我说："_____"

4 姐姐对我说："今天会下雨，你要带雨伞去上学。"我说："_____"

5 我对妈妈说："我想再买一条牛仔裤。"妈妈说："_____"

Answers

a) 对不起，我下次不说了。
b) 不用，今天不会下大雨。
c) 你不应该再买，你已经有好几条了。
d) 我太爱吃快餐了。
e) 我从小就喜欢吃零食。

It is your turn!

Write a similar short paragraph.

6 _____

_____

_____

_____

_____

7 Add five items to each category.

1. 零食：_____

2. 中餐：_____

3. 快餐：_____

120

8 Translate from English to Chinese.

1. Do not eat fast food too often.

_____

2. You should eat more fruit.

_____

3. You should wear more clothes today because it is cold.

_____

_____

4. You should eat less meat and more vegetables.

_____

5. Are you thinking of going to Shanghai this winter holiday?

_____

6. This Christmas holiday, my grandparents (paternal) would probably come to see us.

_____

9 Complete the sentences.

1. _____ 对我很好。 5. 我从小就喜欢_____。

2. _____ 对我不好。 6. 我平时_____。

3. 我对_____很感兴趣。 7. 我早上一起床_____。

4. 我对_____不感兴趣。 8. 我小时候经常_____。

10 Write the simple characters.

1. ⬜ tongue   2. ⬜ melon   3. ⬜ sheep

4. ⬜ seedling   5. ⬜ east   6. ⬜ south

7. ⬜ west   8. ⬜ north   9. ⬜ bow

11 Reading comprehension.

我们学校的小卖部卖各种各样的零食，比如：水果、巧克力、薯片等。小卖部还卖各种中、西式小吃，有三明治、生菜沙拉、春卷、炸鸡翅、炸薯条等。每次课间休息的时候，很多学生都会去那里买零食吃。我也经常去那里买零食吃，但是我不是每天都去买，因为那里的东西比较贵。

《 Answer the questions:

1. 小卖部卖什么零食？

2. 小卖部卖不卖西式小吃？

3. 学生什么时候去小卖部买东西吃？

4. 他是不是每天都去小卖部买东西吃？

5. 他觉得小卖部卖的东西便宜吗？

It is your turn!

List the food that your school canteen sells.

正餐	零食	小吃	饮料

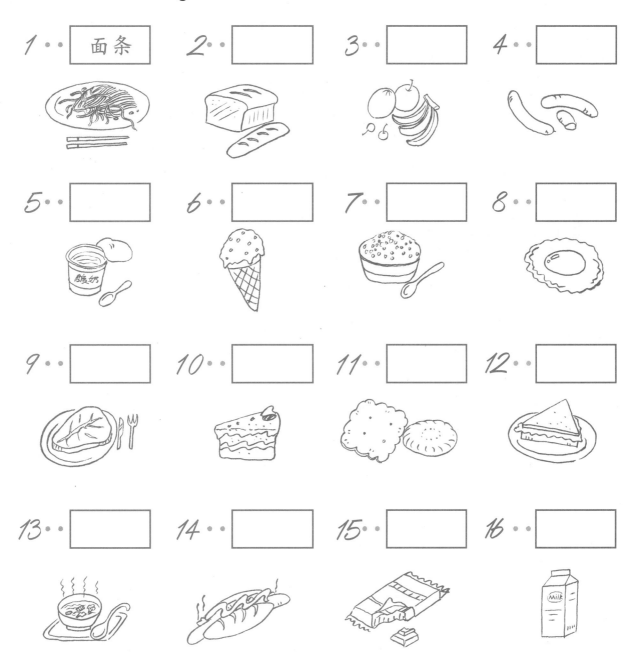

Text 2

·12 Write the following in Chinese.

1·· 面条

2··

3··

4··

5··

6··

7··

8··

9··

10··

11··

12··

13··

14··

15··

16··

·13 Guess the meanings of the words and then check them up in the dictionary.

 人类 / 种类

 汤面 / 汤料

 面食 / 面粉

 加油 / 加热

123

1. 件：_____   2. 条：_____   3. 碗：_____   4. 辆：_____

5. 支：_____   6. 架：_____   7. 副：_____   8. 顶：_____

9. 个：_____   10. 间：_____   11. 位：_____   12. 套：_____

13. 幢：_____   14. 双：_____   15. 口：_____   16. 种：_____

15 Group the following food and drinks.

蒸鱼	牛排	汽水	薯条	冰淇淋	杂菜汤
沙拉	薯片	花茶	炒青菜	比萨饼	炸鸡翅
热狗	可乐	糖果	三明治	巧克力	红烧豆腐
饼干	绿茶	鸡汤	汉堡包	炸鸡腿	北京烤鸭

中餐	西餐	快餐	零食	饮料

16 Write a sentence about each group of pictures.

1

Practice Focus

a) 他吃完早饭后去上学。

b) 他放学以后做作业。

2

3

4

17 Add a character to form a phrase.

1.煎＿＿＿　　2.＿＿＿肠　3.面＿＿＿　　4.热＿＿＿　　5.酸＿＿＿

6.＿＿＿排　7.沙＿＿＿　　8.盒＿＿＿　　9.＿＿＿汤　10.鸡＿＿＿

125

18 Make sentences.

1 有时候

_____

2 小时候

_____

3 ……的时候

_____

4 从小

_____

5 一……就……

_____

6 除了……以外，……

_____

7 一边……，一边……

_____

8 因为……，所以……

_____

19 Answer the questions.

1. 你平时几点起床？你一般几点睡觉？

2. 你一般吃早饭吗？你吃什么？

3. 你通常几点去上学？你怎么上学？

4. 你经常去快餐店吃饭吗？你一般吃什么？

5. 你们家晚饭一般吃什么？谁做晚饭？

6. 你喜欢吃中餐还是西餐？

7. 你吃过什么中国菜？你会做什么中国菜？

20 Search for the information on the internet and fill in the blanks with Chinese characters.

1. The name of the most popular drink in China: _____

2. The name of the most popular drink in the western world: _____

21 Type the following passage on the computer.

　　我每天都吃早餐。我早餐一般吃面包、煎蛋、谷类早餐、酸奶、香肠等等。我一般喝牛奶或橙汁。我也喜欢吃零食。我最喜欢吃糖果和冰淇淋，喝汽水。妈妈总是对我说吃太多糖果对牙齿不好。

22 Reading comprehension.

我最喜欢出去旅游，因为我喜欢吃酒店里的早餐。酒店里的早餐非常丰富，西式早餐有谷类早餐、烤面包、各式糕点、煎蛋、香肠、牛奶、橙汁、水果等，中式早餐有炒面、包子、粥、豆浆等。每一种东西都非常好吃。我每次在酒店吃早餐都会比平时在家吃得多。如果我每天都住在酒店里，那就好了。

《 **Answer the questions:**

1. 他为什么喜欢去旅游？

2. 酒店里的早餐有中式的吗？

3. 在酒店里早上可不可以吃到谷类早餐？

4. 酒店里的早餐好吃吗？

5. 他在哪儿早饭吃得多？

6. 他想每天都住在酒店里吗？

Writing task:

Write about your breakfast when traveling (80-100 words). You should include:
- Chinese or western style breakfast you had during your trips
- your favourite food and drink
- your dream breakfast/lunch/supper

Unit 4

Text 1

1 Write the following in Chinese.

2 Write the simple characters.

1. ☐ field   2. ☐ gold   3. ☐☐ oneself

4. ☐ light   5. ☐ dagger   6. ☐ enter

7. ☐ well   8. ☐ die   9. ☐ black; dark

3 Write the opposite words.

1. 大 → _____   2. 多 → _____   3. 高 → _____   4. 凉快 → _____

5. 黑 → _____   6. 上 → _____   7. 出 → _____   8. 难看 → _____

9. 远 → _____   10. 地 → _____   11. 直 → _____   12. 贵 → _____

13. 女 → _____   14. 热 → _____   15. 长 → _____   16. 难 → _____

4 Extended reading.

a) 大上海一品香饭店

b) 印度咖喱王

c) 澳门茶餐厅

d) 表哥粥面专家

e) 元绿寿司

f) 中山渔港酒家

Put the right letter in the box.

1. 如果你想吃上海菜，你应该去 ☐。

2. 如果你想吃印度菜，你应该去 ☐。

3. 如果你想喝下午茶，你应该去 ☐。

4. 如果你想吃日本菜，你应该去 ☐。

129

5 Complete the sentences.

1. 在文具店你可以买到_____

2. 在服装店_____

3. 在超级市场_____

4. 在中餐厅_____

5. 在快餐店_____

6. 在自助餐厅_____

6 Fill in the blanks with the words in the box.

> 非常　　所以　　太　　大约　　特别

香港人_____喜欢去茶楼吃点心，广东话叫"饮茶"。

点心的价钱不算_____贵，一份_____二三十块钱。_____

一到周末，去吃点心的人_____多，有时候要排半个小时

的队。

7 Look up the characters in the dictionary and write down their meanings.

1. 甜_____　　2. 饱_____　　3. 煎_____　　4. 烧_____

　　乱_____　　　　抱_____　　　　剪_____　　　　浇_____

5. 难_____　　6. 练_____　　7. 请_____　　8. 汤_____

　　推_____　　　　炼_____　　　　猜_____　　　　烫_____

8 Categorize the following.

龙虾	热狗	牛排	红豆汤	巧克力
糖果	面条	蛋糕	汉堡包	冰淇淋
猪肉	香肠	盒饭	三文鱼	三明治

海鲜　　零食　　肉类　　快餐　　中餐　　甜品

9 Write a sentence about each picture.

1

他吃得很快。

2

3

4

Français

5

6

10 Reading comprehension.

上个星期日下午，我们一家去了一家五星级酒店吃下午茶点。那里的食物各种各样，有生鱼片、寿司、炸大虾、炒饭、炒面等，还有各种水果、蛋糕、饼干等。我们每个人都喝了茶或咖啡，吃得很开心，也很饱。那天我晚饭都没有吃。下午茶点每个人一百五十块，不算太贵。

≪ Answer the questions:

1. 他们上星期日去哪儿喝下午茶了？

2. 下午茶有甜点吗？

3. 他吃得多还是少？

4. 他们喝了什么？

5. 他那天吃晚饭了吗？

6. 下午茶一个人多少钱？

11 Write captions for the following pictures.

1.

他今天早上七点起床。

2.

他吃了

3.

午饭他吃了

4.

下午

5.

晚饭

6.

睡觉前

12 Write the following in Chinese.

1. 两个面包   2. ☐   3. ☐   4. ☐

5. ☐   6. ☐   7. ☐   8. ☐

9. ☐   10. ☐   11. ☐   12. ☐

13. ☐   14. ☐   15. ☐   16. ☐

13 Fill in the blanks with proper measure words.

1.六 ___ 蛋糕　2.一 ___ 鱼　　3.两 ___ 豆腐　4.一 ___ 绿茶

5.一 ___ 牛排　6.一 ___ 鸡腿　7.一 ___ 烤鸭　8.一 ___ 面条

9.一 ___ 菜汤　10.一 ___ 饼干　11.五 ___ 龙虾　12.一 ___ 可乐

13.一 ___ 薯条　14.三 ___ 猪肉　15.一 ___ 炒饭　16.四 ___ 巧克力

14 Translate from Chinese to English.

1.肉丝 _____　2.肉片 _____　3.肉块 _____

4.土豆丝 _____　5.胡萝卜丝 _____　6.黄瓜 _____

15 Write the opposite words.

1.大 → _____　2.饱 → _____　3.借 → _____　4.贵 → _____

5.直 → _____　6.瘦 → _____　7.低 → _____　8.短 → _____

9.高 → _____　10.远 → _____　11.难 → _____　12.男 → _____

16 Translate from English to Chinese.

1.menu _____　2. order food _____　3. shredded meat _____

4.tofu _____　5. steamed fish _____　6. green tea _____

7.hungry _____　8. full _____　9. dessert _____

17 Find the common part in each group and write the meaning of each character.

1. [艹] 茶 _____
   花 _____
   蒸 _____

2. [□] 饼 _____
   饿 _____
   饱 _____

3. [□] 炒 _____
   烤 _____
   炸 _____

4. [□] 酸 _____
   酪 _____

5. [□] 鸭 _____
   鸡 _____

6. [□] 糕 _____
   糖 _____

7. [□] 蛋 _____
   虾 _____

8. [□] 膀 _____
   肠 _____

9. [□] 甜 _____
   刮 _____

18 Rearrange the words/phrases to form a sentence/question.

1. 吗／请问，／点菜／了／可以？→ _____

2. 想／今天／喝／我／红茶。→ _____

3. 很好吃／的／妈妈／做／烤鸭。→ _____

4. 蒸鱼／非常／吃／爸爸／喜欢。→ _____

5. 一碗米饭／了／要／弟弟／又。→ _____

6. 了／我们大家／饿／都。→ _____

7. 和／炒青菜／点／红烧豆腐／了／我。→ _____

135

19 Fill in the blanks with the words in the box.

> 附近　可乐　暑假　差不多
>
> 公斤　家里　特别　经常

今年＿＿＿＿我和家人去了美国。我们住在加州(Califonia)的舅舅家里。他家＿＿＿＿有很多快餐店，里边大多卖油炸食物，＿＿＿＿好吃。我们＿＿＿＿每天吃快餐，喝＿＿＿＿。一个暑假下来我发现我重了五＿＿＿＿。

20 Translate from English to Chinese.

1. This skirt is longer than that one.	4. Today is hotter than yesterday.
2. This hat is nicer than that one.	5. This book is cheaper than that one.
3. I am taller than my father.	6. My school is bigger than my elder brother's.

21 Find mistakes and then write down the correct sentences.

1. 菜市场上的蔬菜比超市新鲜。

2. 以后我看完书做作业。

3. 我喜欢喝可乐从小就。

4. 一到家就我开始看电视。

22 Search for the information on the internet and fill in the blanks with Chinese characters.

1. The zodiac animal of this year: _____

2. The zodiac animal of next year: _____

3. The zodiac animal of the year when you were born: _____

23 Type the following passage on the computer.

　　昨天是我的生日。我们一家人去吃自助餐了。我们吃了蒸鱼、红烧肉、龙虾面、烤鸭、咖喱鸡、炒青菜、沙拉、寿司、三文鱼等等。我们还吃了甜品，有冰淇淋和水果。最后我们吃了生日蛋糕。

24 Reading comprehension.

　　我们家的楼下新开了一家饭店，叫北京饭店。他们的烤鸭做得真好吃！我们上两个周末都去那里吃饭了。我们两次都要了烤鸭。他们的红烧鱼和咕咾肉也做得不错。很多人来这里吃饭，有时候还要排队。但是我们去吃饭时不用排队，因为饭店的老板已经认识我们了。

《 **Answer the questions:**

1. 他们家楼下的饭店叫什么名字？

2. 这家饭店是老饭店还是新饭店？

3. 除了烤鸭以外，这家饭店还做什么菜？

4. 上个周末他们在这家饭店吃了什么？

5. 来这里吃饭的人多不多？

6. 他们一家每次去吃饭要不要排队？为什么？

Writing task:

Write about the restaurant your family often goes to (80-100 words).
You should include:
- the name and location of the restaurant
- the best food of the restaurant
- the food you had last time
- whether you need to queue or not

137

Unit 4　Revision

1 Food.
- A. 猪肉　牛肉　鸡肉　虾　鱼柳　猪排　香肠　龙虾　三文鱼　牛排　鸭　肉丝　鸡翅　鸭蛋
- B. 三明治　薯片　薯条　炸鸡翅　沙拉　奶酪　面包　酸奶　谷类早餐　寿司　咖喱牛肉　牛奶　杂菜汤
- C. 烤鸭　豆腐　青菜　盒饭　绿茶
- D. 甜品　零食　饼干　糖果　冰淇淋　巧克力　蛋糕

2 Ways of cooking.

炸　煎　烤　烧　蒸　红烧

3 Adjectives.

酸　甜　活　新鲜　便宜　饱　饿

4 Measure words.

碗　只　杯　瓶

5 Others.
- A. 自助餐　菜单　点菜　正餐
- B. 加　比　帮忙　完
- C. 菜市场　公斤
- D. 有时候＝有时　从小　平时　总是
- E. 牙齿

6 Set phrases.

1.各种各样　市场上卖各种各样的蔬菜。

2. 比如　我的书包里有很多东西，比如文具盒、课本、日记本等。

3. ……完……以后　我平时吃完晚饭以后做作业。

7 Questions.

1. 你家附近有菜市场吗？

2. 你们家常去哪儿买蔬菜、水果？

3. 你早饭一般吃什么？喝什么？

4. 你平时在学校买午饭吃吗？你一般买什么吃？

5. 在学校买午饭吃贵不贵？你午饭一般花多少钱？

6. 你们家谁做晚饭？你们家晚饭一般吃什么？

7. 你喜欢吃零食吗？喜欢吃什么？

8. 吃太多零食会怎么样？

9. 你喜欢吃中餐还是西餐？

10. 如果你妈妈做饭，你会帮忙吗？

11. 你会做菜吗？你会做什么？

12. 你和家人常去饭店吃饭吗？你们常去哪一家饭店吃饭？

13. 上个周末你们一家人外出吃饭了吗？去了哪一家饭店？吃了什么？一共花了多少钱？

Unit 4 Test

1 Group the following.

红烧猪肉　　烤牛排　　蔬菜沙拉　　三文鱼　　炒肉丝　　烤鸭
炸鸡翅　　龙虾面　　谷类早餐　　三明治　　巧克力　　煎蛋
蒸鱼　　薯条　　热狗　　薯片　　饼干　　糖果　　白粥　　包子

(中餐)　　　　(西餐)　　　　(快餐)　　　　(零食)

2 Match the words in the box with correct measure words.

杂菜汤　绿茶　　烤鸭
巧克力　蛋糕　　龙虾
牛奶　米饭　汽水　可乐

1. 碗：＿＿＿　＿＿＿

2. 只：＿＿＿　＿＿＿

3. 杯：＿＿＿　＿＿＿

4. 瓶：＿＿＿　＿＿＿

5. 块：＿＿＿　＿＿＿

3 Make phrases.

酸　牛　炒　包　水　蒸　猪　柳　酪　糖

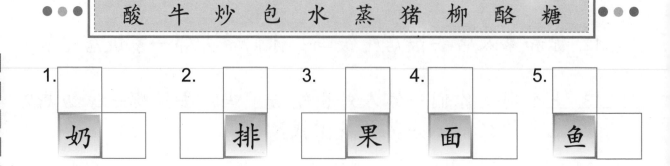

1. 奶　　2. 排　　3. 果　　4. 面　　5. 鱼

4 Rearrange the words / phrases to form a sentence.

1. 新鲜 / 三文鱼 / 的 / 今天 / 很。→ _____

2. 有时候 / 帮 / 我 / 做饭 / 妈妈。→ _____

3. 糖果 / 就 / 我 / 吃 / 从小 / 喜欢。→ _____

4. 总是 / 爷爷 / 跑步 / 早上 / 每天。→ _____

5 Find the opposite words in the box.

| 开始　饿　买 |
| 零食　贵　酸 |

1. 饱 → _____　2. 完 → _____　3. 正餐 → _____

4. 甜 → _____　5. 卖 → _____　6. 便宜 → _____

6 Match the two parts of a sentence.

a) 面包、煎蛋和香肠。

b) 比如饼干、巧克力、糖果等。

c) 有时吃中餐，有时吃西餐。

d) 再来半只烤鸭和一个炒青菜。

e) 多吃正餐，少吃零食。

1. 我每天吃好几种零食，_____

2. 我们可以先点冷盘，然后 _____

3. 我早饭一般吃 _____

4. 我们家晚饭 _____

5. 妈妈总是对我说要 _____

7 Complete the following sentences.

1. 上个星期六是我妈妈的生日，_____

2. 我家附近有个菜市场，里面卖_____

3. 在自助餐厅里，你可以吃到_____

4. 我们家平时妈妈做晚饭，但是_____

8 Translate the following sentences.

1. 我家附近有一个超级市场。	5. There is a cinema near my home.
2. 菜市场上的菜比超市里的便宜。	6. Today's salmon tastes nicer than yesterday's.
3. 我有时会帮妈妈洗碗。	7. I sometimes help mum cook dinner.
4. 吃太多糖对牙齿不好。	8. Watching too much TV is bad for your eyes.

9 Add more words to each category.

1. 猪 _____ _____ _____   3. 蛋糕 _____ _____ _____

2. 牙齿 _____ _____ _____   4. 比萨饼 _____ _____ _____

10 Make sentences with the words given.

| 1.各种各样　文具 | 3.比　贵 |

| 2.从小　喜欢 | 4.总是　中餐 |

11 Reading comprehension.

我家附近有一个超级广场。这个超级广场比一般的超级市场大很多，里边卖的东西也多。除了一般的食品、饮料、用品等，你从那里还可以买到活鱼、活虾、冰鲜鸡、各种肉和蛋。如果你中午不想做饭，从那里你可以买到炒面、米饭、炒菜、烧肉、烤鸭、寿司等。

Tick if true, cross if false.

___ 1 超级市场比超级广场大。

___ 2 超级广场里卖活鸡、活鸭。

___ 3 你从超级广场可以买到薯片。

___ 4 超级广场里还卖午饭。

___ 5 超级广场里的午饭品种只有三种。

___ 6 如果你想吃烤鸭，在超级广场里可以买到。

12 Essay writing.

Write a paragraph about your diet. You should include:
- what you normally eat and drink for three meals a day
- the snacks you eat in between meals
- when and where you eat the snacks
- whether or not you have a balanced diet

Unit 5

Lesson 13   Neighbourhood   社区

Text 1

1 Write the following in Chinese.

1. 市政大楼

2.

3.

4.

5.

6.

7.

8.

9.

10.

11.

12.

13.

14.

15.

2 Write the simple characters.

1.   wood; tree

2.   stand

3.   bag

4.   stop

5.   scholar

6.   bean

7.   square

8.   food

9.   fruit

3 Find the common part in each pair and write the meaning of each character.

1. 尸
   局 _____
   层 _____

2.
   诊 _____
   彩 _____

3.
   贷 _____
   贵 _____

4.
   杯 _____
   环 _____

5.
   煎 _____
   热 _____

6.
   薯 _____
   暑 _____

7.
   新 _____
   近 _____

8.
   借 _____
   错 _____

9.
   忘 _____
   忙 _____

10.
   炸 _____
   作 _____

11.
   的 _____
   钓 _____

12.
   谁 _____
   难 _____

4 Rearrange the words / phrases to form a sentence.

1. 住／我家／市中心／在。⟶ _____

2. 很远／邮局／市政大楼／离。⟶ _____

3. 在／银行／百货公司／对面。⟶ _____

4. 有／大教堂／旁边／公园。⟶ _____

5. 没有／附近／诊所／我家。⟶ _____

6. 楼上／是／图书馆／电脑室。⟶ _____

5 Describe the picture.

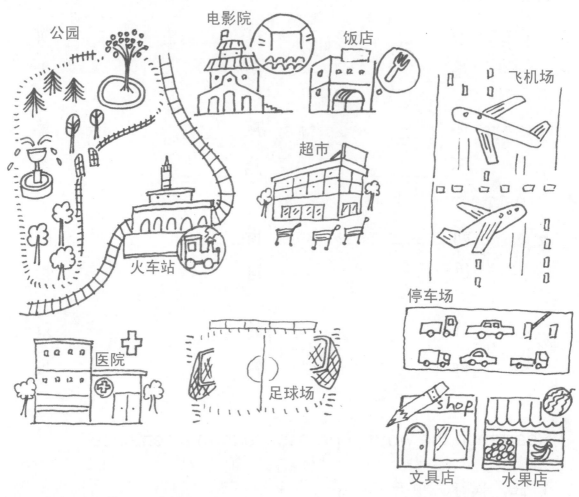

公园　电影院　饭店　飞机场　超市　火车站　停车场　医院　足球场　文具店　shop　水果店

1. 足球场在医院右面。

2. _____

3. _____

4. _____

5. _____

6. _____

7. _____

8. _____

Words for Reference

a) 左面

b) 右面

c) 前面

d) 后面

e) 对面

f) 隔壁

g) 旁边

h) 附近

6 Look up the words in the dictionary and write their meanings.

1. 家政 _____

2. 邮船 _____

3. 门诊 _____

4. 银色 _____

5. 丝带 _____

6. 床单 _____

7. 茶馆 _____

8. 帮助 _____

9. 种类 _____

10. 大便 _____

11. 小便 _____

12. 货品 _____

7 Translate from English to Chinese.

1. The post office is not far from my home.

3. The church is opposite to the city hall.

2. The clinic is in front of the park.

4. The bank is behind the department store.

8 Fill in the blanks with the words in the box.

船　中间　后面　方便　附近　前面　有　离　上边

小明家住在一个离岛上，生活不太 _____ 。他们家 _____ 没有超级市场，要去超级市场得坐二十分钟的 _____ 。邮局 _____ 他家也很远，但是他家附近 _____ 一个邮筒。最方便的是他家 _____ 是诊所， _____ 是教堂。

9 Complete the following sentences.

1. 我家 __离市中心不远__。

2. 我们学校附近有 _____
_____

3. 公园 _____

4. 超市 _____

5. 市政大楼 _____

6. 去飞机场，我要 _____
_____

7. 教堂 _____

8. 我家附近 _____

10 Reading comprehension.

我们最近搬了家。新家比老家大，也比老家的房子新，我很喜欢。新家离地铁站很近，走三分钟就到了。但是新家的周围还不太方便：去超级市场要坐一站地铁；附近也没有邮局、诊所、饭店、银行等公共设施；去菜市场要走十到十五分钟。所有的设施可能一两年后才建好。

True or false.

_____ 1 他们新家的房子比老家的大。

_____ 2 新家离地铁站比较近。

_____ 3 从他家去地铁站走路只要三分钟。

_____ 4 他要坐地铁去超级市场。

_____ 5 他的新家附近没有邮局。

_____ 6 从他的新家去菜市场要坐地铁。

11 Match the picture with the answer.

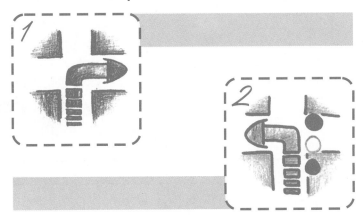

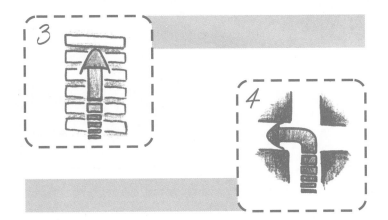

Answers

a) 往右拐

b) 向左转

c) 一直往前走

d) 过马路

e) 在第一个路口往右拐

f) 看见红绿灯往左拐

12 List items for each category.

1. 饮料 : _____ _____ _____   3. 中餐 : _____ _____ _____

2. 快餐 : _____ _____ _____   4. 商店 : _____ _____ _____

13 Write a sentence about each group of pictures.

1

她先画画儿然后看书。

2

3

4

5

6

14 Add a character to form a phrase.

1. ＿＿＿＿灯　　2. ＿＿＿＿路　　3. 银＿＿＿＿　　4. 诊＿＿＿＿　　5. ＿＿＿＿院

6. ＿＿＿＿边　　7. 请＿＿＿＿　　8. 邮＿＿＿＿　　9. ＿＿＿＿心　　10. 生＿＿＿＿

11. 方＿＿＿＿　　12. 附＿＿＿＿　　13. 旁＿＿＿＿　　14. 教＿＿＿＿　　15. 超＿＿＿＿

15 Pick one verb and one noun from each box to form a phrase.

Verb

喝 吃 穿 戴
过 坐 炒 写
教 踢 煎 量

Noun

烤鸭 马路 围巾 作文 化学 西装
咖啡 火车 青菜 足球 鸡蛋 体温

1. 吃烤鸭   2. _____   3. _____   4. _____

5. _____   6. _____   7. _____   8. _____

9. _____   10. _____   11. _____   12. _____

16 Write the meaning of each character.

❶ 弟 _____   ❷ 各 _____   ❸ 别 _____
第 _____   路 _____   拐 _____

❹ 服 _____   ❺ 车 _____   ❻ 百 _____
报 _____   练 _____   伯 _____

❼ 住 _____   ❽ 都 _____   ❾ 炉 _____
往 _____   猪 _____   房 _____

17 Guess the meanings of the phrases and then look them up in the dictionary.

1. { 十字路口 _____
   { 丁字路口 _____

2. { 日光灯 _____
   { 路灯 _____

3. { 公路 _____
   { 铁路 _____

4. { 转身 _____
   { 转学 _____

18 Answer the questions.

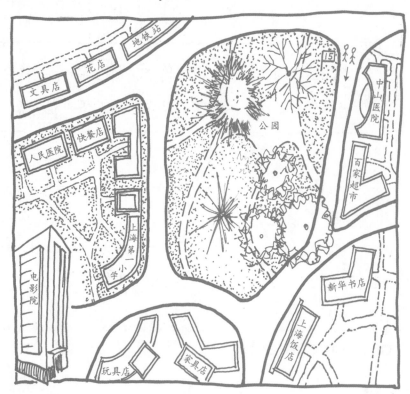

1. 去电影院怎么走?

_____

_____

2. 去书店怎么走?

_____

_____

3. 去花店怎么走?

_____

_____

19 Locate the places on the map.

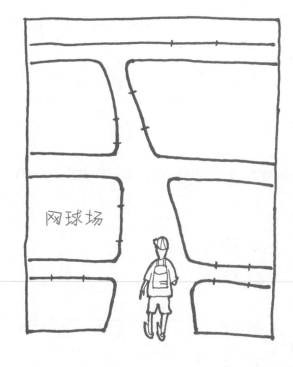

1. 如果你想去打网球, 你应该先往前走, 过一个十字路口就到了。网球场在你的左手边。

2. 如果你要去公园, 你应该往右拐, 公园就在你的左手边。

3. 如果你要去坐火车, 你要一直往前走,过两个十字路口,再一直走然后往右拐。火车站在你的左手边。

4. 如果你要去买东西, 你要往前走, 过两个十字路口, 商场就在你的左手边。

20 Search for the information on the internet and fill in the blanks with Chinese characters.

1. The animal name of the national treasure of China: _____

2. The hometown of this anmial: _____

3. The favourite food of this animal: _____

21 Type the following passage on the computer.

　　我家住的地方很方便。附近有邮局、银行、百货公司、诊所、超市和菜市场，旁边还有一个大公园。学校离我家也不远,过一个路口就到了。教堂离我家很近，走路十分钟就到了。我跟家人每个星期天都去教堂。

22 Reading comprehension.

　　　　我妈妈很容易迷路。我就不喜欢跟她一起出去。有一次我们去找一家家具店。妈妈手里拿着地址，过马路、等红绿灯、问路、左拐、右拐，走来走去，走了半个多小时就是找不到家具店。后来我看了看，那家家具店就在我们的左手边。如果我不看，妈妈再找半个小时还不一定能找到家具店。

≪ Answer the questions:

1.他喜欢跟妈妈一起出去吗？为什么？

2.妈妈有一次找家具店时手上拿着什么？

3.他们有没有问路？

4.他们找了多长时间？

5.后来是谁找到了家具店？

Writing task:

Write about an experience of you and your mum getting lost (80-100 words). You should include:
- when and how you got lost
- how your mum managed to find help
- how you helped to find the place

Unit 5

Lesson 14   Asking the Way   问路

Text 1

1 Write the following in Chinese.

1. 地图
2.
3.
4.
5.
6.
7.
8.
9.
10.

2 Fill in the blanks with the measure words in the box.

| 座 | 位 | 杯 | 碗 | 只 | 支 | 幢 | 条 |
| 家 | 副 | 顶 | 套 | 件 | 双 | 辆 | 张 |

1. 一___桥　2. 八___老师　3. 两___铅笔　4. 一___烤鸭

5. 四___报纸　6. 一___面条　7. 一___毛衣　8. 三___自行车

9. 一___绿茶　10. 一___靴子　11. 一___超市　12. 一___连衣裙

13. 一___手套　14. 五___大楼　15. 一___帽子　16. 一___西装

154

3 Complete the sentences.

1. 你或者吃中药或者吃西药。

2. 你或者坐船去

3. 你或者穿套装

4. 你或者吃西餐

5. 你或者

6. 你或者

4 Fill in the blanks with the words in the box.

或者　离　还是　方便　不远　旁边　走路　中间

我家住在市中心，生活特别＿＿＿。去超市不用坐车，＿＿＿去就可以了。百货商场＿＿＿我家也不远，走路五分钟就到了。电影院就在百货商场的＿＿＿。从我家去学校，可以坐小巴，＿＿＿坐公共汽车。妈妈的诊所离我家＿＿＿。

5 Translate from English to Chinese.

1. To go to the city center, you can take either the bus or the underground.	2. The No.12 bus stop is beside the temple.

6 Write the following in Chinese.

1. 学校
2.
3.
4.
5.
6.
7.
8.
9.
10.
11.
12.
13.
14.
15.

7 Make one sentence with each group of words given.

1. 因为……，所以……

5. 又……又……

2. 如果……

6. 跟……一起

3. 一……就……

7. 除了……以外，……

4. 一边……一边……

8. 先……，然后……

8 Write a paragraph about the picture.

公园里有 _____

_____

_____

_____

_____

_____

_____

9 Write the simple characters.

1. insect

2. owe

3. shell

4. knife

5. fork

6. corpse

7. household

8. leather

9. man

10 Answer the questions.

1. 从你家去电影院怎么走？

_____

2. 从你家去公共图书馆需要坐车吗？如果走路去，需要多长
   时间？

_____

11 Reading comprehension.

　　从我的新家去超级市场，坐地铁、小巴或者出租车都可以，都很方便。坐地铁一站就到了。坐小巴要坐76号小巴，要十到十五分钟。坐出租车最快了，五分钟就到了，只要十七八块钱。从我家去菜市场也不算太远，先走过一个过街天桥，大约需要五分钟。过了天桥，大约再走五分钟就到了。

« Answer the questions:

1. 从他家去超级市场要坐什么车？

2. 坐地铁要坐几站？

3. 坐小巴要几分钟？

4. 坐出租车要多少钱？

5. 从他家走路去菜市场要几分钟？

12 Add more details to the map and then write a paragraph about it.

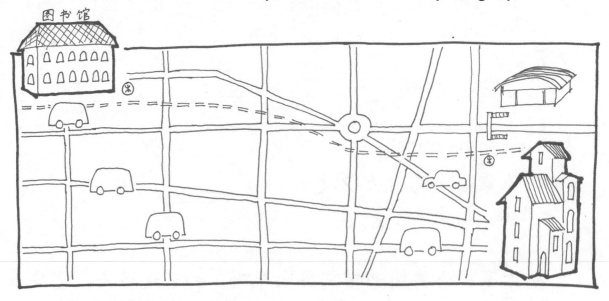

从你家去市图书馆 _____

13 Write a sentence about each picture.

manager

teacher

businessman

secretary

lawyer

student

1. 经理在公司工作。   4. _____

2. _____   5. _____

3. _____   6. _____

14 Write the meaning of each character.

1. 豆 _____   2. 也 _____   3. 旁 _____
   短 _____   池 _____   膀 _____

4. 斗 _____   5. 反 _____   6. 舌 _____
   科 _____   饭 _____   活 _____

15 Write the following in Chinese.

1. 项链

2.

3.

4.

5.

6.

7.

8.

16 Extended reading.

失物招领
_____

您的手机不见了吗?
_____

您的钥匙是否不在包里?
_____

您的雨伞找到了吗?
_____

您的钱包是什么颜色的?
_____

天气冷了,您的毛衣……
_____

我们这里还有更多:皮鞋、
运动鞋、眼镜、墨镜、手套、
外套、网球拍、篮球、浴巾、
身份证、背包、相机、游泳衣、
游泳裤……
_____

请快来认领!
_____

Fill in the blanks with two possible items lost.

1.小明打网球回家后发现他的
_____、_____不见了。

2.妈妈的手提包被人偷了。里
面有_____、_____。

3.小亮今天有体育课。放学回
家后他发现_____、_____不
在书包里。

4.爸爸刚从北京出差回来,打
开行李箱,他发现_____、
_____不在里边。

•17• Complete the sentences.

1. 我的书包 <u>被人偷了</u>。_____

2. 姐姐的蛋糕被 _____

3. 老师的汉语书 _____

4. 我的手机 _____

5. 哥哥的自行车 _____

6. 奶奶的雨伞 _____

7. 我的球鞋 _____

•18• Translate from Chinese to English.

1. 我买到了那双运动鞋。

2. 这星期我读完了三本小说。

3. 妈妈半小时就做好了午饭。

4. 我昨天从图书馆借来了六本书。

5. 我每天吃完晚饭后就帮妈妈洗碗。

6. 姐姐拿走了我的钥匙。

7. 我吃饱了，不能再吃了。

8. 你听见他说什么了吗？

19 Write a dialogue about each picture.

1

A: _____

B: _____

A: _____

B: _____

3

A: _____

B: _____

A: _____

B: _____

2

A: _____

B: _____

A: _____

B: _____

20 Search for the information on the internet and fill in the blanks with Chinese characters.

1. The name of the first dynasty and the first emperor of China:

2. The name of the last dynasty and the last emperor of China:

_____ _____ _____ _____

21 Type the following passage on the computer.

春节快到了，今天妈妈去商场购物。买东西的时候，她的手提包被偷了。妈妈说她的包里有钱包、钥匙、手机、电话本等等。钱包里有身份证和现金。妈妈马上去了附近的警察局，警察叫她留下了电话号码和姓名。

22 Fill in the blanks with proper verbs.

1 _____ 汽车　2 _____ 冰　3 _____ 足球　4 _____ 自行车

5 _____ 东西　6 _____ 鱼　7 _____ 帽子　8 _____ 高跟鞋

9 _____ 报纸　10 _____ 游戏　11 _____ 药水　12 _____ 羽毛球

13 _____ 西装　14 _____ 作业　15 _____ 电影　16 _____ 小提琴

17 _____ 钢琴　18 _____ 汉语　19 _____ 电话　20 _____ 油画儿

23 Reading comprehension.

市中心附近小偷很多。他们一般会偷女人的手提包，因为女人喜欢把钱包、手机等放在包里。去年妈妈在商场买东西的时候，有人偷了妈妈的手提包。妈妈的包里有钱包（里边现金不多，但是所有的信用卡都在里边）、手机、身份证、钥匙等。妈妈非常生气，马上报告了警察。

《 Answer the questions:

1. 市中心小偷多吗？

2. 小偷喜欢偷谁的东西？

3. 妈妈什么时候丢了她的包？

4. 她钱包里现金多不多？

5. 妈妈的手机也被偷了吗？

6. 妈妈是什么时候去报告警察的？

Writing task:

Write about an experience of losing your bag (80-100 words). You should include:
- time and place you lost your bag
- things inside your bag
- what actions you took

163

Lesson 15   Neighbours   邻居

Text 1

1 Label each room and item in Chinese.

2 Make sentences.

1.比如	3.可是/但是
2.正在	4.觉得

3 Write the time in Chinese.

1	00:30	半夜十二点半		5	07:00	
2	09:15			6	12:10	
3	14:45			7	19:05	
4	20:35			8	00:50	

4 Complete the paragraph.

我的一天

我今天早上

睡觉。

5 Write the simple characters.

1.   spoon

2.   reverse

3.   blood

4.   study

5.   mountain

6.   flat; smooth

7.   horn

8.   food

9.   fruit

6 Answer the questions.

1. 你每天睡几个小时的觉？   4. 你每天看几个小时电视？

2. 你每天做几个小时运动？   5. 你每天上几个小时网？

3. 你每天做几个小时作业？   6. 你每天上几个小时课？

7 Fill in the blanks with the words in the box.

现金　烦人　买　钱包　时　身份证　偷　半夜

我家邻居昨天晚上被＿＿＿了。小偷拿走了三个 ＿＿＿、

几千块＿＿＿和一个相机。钱包里有信用卡和＿＿＿。相机是

上个星期＿＿＿的。他们今天早上起床＿＿＿发现被偷了。

8 Translate from English to Chinese.

1. My bag was stolen when I was shopping in the supermarket.

2. I often hear someone singing after midnight.

3. My next door neighbour is very annoying.

9 Match the two parts of each sentence.

___ 1 如果我们家楼上的邻居每天早上五点在他的房间里跑步，

a) 我会对他说："对不起，你下一次不能吃我的午饭。你应该自己带午饭来学校吃。"

___ 2 如果我的同学经常跟我借钱，

b) 我会对他说："你晚一点儿跑步，行吗？"

___ 3 如果我的同学每天晚上很晚打电话给我，

c) 我会对他说："我下一次不能借钱给你了。对不起！"

___ 4 如果我的同学经常不带午饭，也没有钱买午饭吃，他经常吃我的饭，

d) 我会对他说："你可不可以早一点儿打电话给我，因为我很早就上床睡觉。"

It is your turn!

Write a similar sentence following the examples.

10 Draw the layout of your house and describe it in Chinese.

Example

我家住的是洋房，一共有三层楼。一楼有 ······

11 Pair the opposite words.

大　　难　　上　　女　　后　　直　　矮　　早　　左　　长
男　　小　　胖　　远　　高　　多　　出　　近　　进　　瘦
贵　　卷　　前　　晚　　低　　短　　下　　右　　少　　高
白天　　　容易　　　难看　　　便宜　　　漂亮　　　黑夜

1. 大 → 小　　2. _____　　3. _____　　4. _____

5. _____　　6. _____　　7. _____　　8. _____

9. _____　　10. _____　　11. _____　　12. _____

13. _____　　14. _____　　15. _____　　16. _____

12 Reading comprehension.

我非常喜欢我们的新家。我家的楼下就是会所。这里的会所很好。在会所里你可以游泳、打网球、打壁球、打羽毛球等，还可以上网、看报纸和杂志。这里还有一个很大的儿童活动游戏室。健身房里有跑步机。爸爸喜欢去那里一边跑步、一边看电视。

《 **Answer the questions:**

1. 他们新家的会所在哪儿？

2. 在会所里可以做什么运动？

3. 会所里有电脑吗？

4. 儿童可以在哪儿玩儿？

5. 他爸爸喜欢去哪儿健身？

6. 他爸爸常常去会所做什么？

°13° Write in Chinese what he/she is saying.

1. 请放下
2.
3.
4.
5.
6.
7.
8.

°14° Rewrite the following sentences.

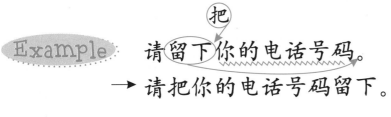

Example 请留下你的电话号码。
→ 请把你的电话号码留下。

1. 请留下你的姓名。→ _____

2. 今天早上弟弟吵醒了我。→ _____

3. 请关上电灯。→ _____

4. 请打开电脑。→ _____

5. 快吃完这碗饭。→ _____

6. 姐姐借走了我的雨伞。→ _____

15 Extended reading.

我们家住楼房，住在六楼。昨天晚上我们家的邻居太不像话了。半夜十二点半，我们楼上还有人在弹琴；左边隔壁家的小孩儿在哭；右边隔壁家的孩子在大喊大叫；楼下的几个年轻人在客厅里唱卡拉OK。真是吵得不得了。那时我已经在床上躺了一个小时了，就是无法入睡。

Tick if true and cross if false.

1. 昨晚十点，楼下的孩子在弹琴。

2. 他们家左、右邻居没有孩子。

3. 他家楼下住了一对老人。

4. 他通常十二点以后才上床睡觉。

5. 他觉得他家的邻居很烦人。

16 Answer the questions.

想想办法

1. 如果你今天没有带汉语书，你怎么办？

我会去借一本。

2. 上完体育课后，你的书包不见了，你怎么办？

3. 你的钱包被小偷偷走了，你怎么办？

4. 今天的汉语作业很难，你不会做，你怎么办？

5. 你想去一个地方，但是你不知道怎么去，你怎么办？

6. *It is your turn!*

17 Answer the questions.

1 你早上一般几点起床？谁叫醒你？

2 你一般吃早饭吗？你今天早饭吃了什么？

3 你每天几点去上学？你下午一般几点到家？

4 你家离学校远吗？你每天怎么上学？

5 你们早上几点开始上课？下午几点放学？

6 你带午饭去学校,还是在学校买午饭吃?你今天午饭吃了什么？

7 你们家谁做晚饭？你们家晚饭一般吃什么？

8 你周末一般怎么过？

18 Search for the information on the internet and fill in the blanks with Chinese characters.

1. The names of three tourist attractions in Beijing: _____ _____ _____

2. The name of the most famous tourist attraction in Xi'an: _____

19 Type the following passage on the computer.

我们家的邻居很烦人。他们家有一个女儿，八九岁，一点儿也不听话。我经常听见她跟爸爸、妈妈吵，还经常听见她哭。有时候她把我吵得没办法做功课。她妈妈也很烦人。她很早就起床，然后在客厅里跑步。她爸爸晚上很晚睡觉，把电视开得很响。

20 Complete the paragraphs and then write your own.

1. 我在做作业的时候，我弟弟在旁边大声唱歌。我对他说："你能不能小点儿声？"

Practice Focus

a) 是不是……？

b) 能不能……？

2. 半夜十二点，我听见有人在大门外小声说话。我问姐姐："是不是 _____"

_____

4. 今天早上五点，我被吵醒了。我听见楼上有人在大声说话。 _____

_____

3. 今天晚上，我们邻居家的电视开得很响，还有很多人在房里大声说话。

_____

5. *It is your turn!*

21 Write the action verbs.

1. cry

2. sing

3. jump

4. call; shout

5. eat

6. drink

7. wear (clothes)

8. return

9. walk

10. see

11. hear

12. buy

13. sell

14. wash

15. ride

16. play

22 Answer the question. Use the dictionary for any new words.

什么样的人很烦？

1. 常常不带笔，经常用我的笔。

2.

3.

4.

5.

6.

7.

8.

23 Reading comprehension.

　　我的小弟弟只有两岁多。他又可爱又讨厌。他每天很早就起床了。他一起床就把我吵醒。然后他到客厅里把电视打开，看他的DVD录像。他把电视机的声音开得很响，我再也不能睡了。如果我把电视机关上，他就会大声哭；如果我看电视节目，他也会大哭大叫。你说烦不烦？

≪ **Answer the questions:**

1. 他的小弟弟几岁了？

2. 他的弟弟可爱吗？

3. 小弟弟每天起得早还是晚？

4. 小弟弟早上起床后先做什么？

5. 小弟弟看电视时，电视机开得响不响？

6. 如果"我"把电视关了，弟弟会怎么样？

Writing task:

Write about one of your siblings (80-100 words). You should include:

* his/her age
* his/her appearance
* things he/she does which annoy you
* the reactions he/she gives if you do something

173

Unit 5 Revision

1 Facilities.

邮局　诊所　银行　百货公司　市政大楼　教堂　公园
咖啡馆　购物广场　车站　服装店

2 Nouns.

自行车　手提包　服装　钱包　钥匙　手机　现金　身份证
学生证　借书证　市中心　庙　河　桥　警察　邻居　姓名
生活　办法　声

3 Verbs.

看到　骑　偷　留　搬家　听见　哭　吵　醒　注意
拐　转　过

4 Adjectives.

方便　烦人　响

5 Prepositions.

被　把

6 Measure word.

座

7 Giving directions.

前面　后面　右手　过马路　一直往前走　红绿灯
向左拐　第一个路口　5路公共汽车

8 Time words.

最近　半夜

9 Grammar points.

1. 被　我的自行车被哥哥骑走了。

2. 把　弟弟的哭声把我吵醒了。

10 Questions.

1. 你家住在哪儿？离市中心近吗？

2. 你家附近有什么商店？有什么车？

3. 你家住的地方生活方便吗？

4. 你家附近有购物广场吗？如果有，里边卖什么？

5. 从你家去学校怎么走？

6. 从你家怎么去市图书馆？

7. 去电影院要坐车吗？坐几路车？要坐几站？在哪站下车？

8. 从你们家怎么去机场？

9. 你会骑自行车吗？几岁开始学的？

10. 你被偷过吗？什么东西被偷了？

11. 你们最近会搬家吗？会搬去哪儿住？

12. 你们家的邻居怎么样？他们烦人吗？

13. 你家隔壁邻居的电视会开得很响吗？

Unit 5 Test

1 Match the following words with the ones in the box.

现金 衬衫 卧室
医生 长裤 病人
公共汽车 手提包
人民币 小巴
蔬菜 水果

1. 诊所 ➝ _____

2. 购物广场 ➝ _____

3. 车站 ➝ _____

4. 银行 ➝ _____

5. 服装店 ➝ _____

6. 菜市场 ➝ _____

2 Find the opposite words in the box.

近 醒 半夜
右 后 晚

1. 睡 ➝ ____   2. 前 ➝ ____   3. 中午 ➝ ____

4. 左 ➝ ____   5. 远 ➝ ____   6. 早 ➝ ____

3 Translate the following sentences.

1. 我的手机被哥哥借走了。	4. My wallet was stolen.
2. 我小弟弟总是半夜哭。	5. My neighbour always plays the piano at 11:00 pm.
3. 请把你的身份证给我。	6. Please pass me the key.

4 Match the two parts of a sentence.

a) 昨天晚上很晚

b) 晚上开得太响了

c) 教堂前面有一个小学

d) 我在购物广场喝咖啡时

e) 然后再走五分钟就到了

f) 你要坐5路公共汽车，坐六站

1. _____ ，后面有一个大公园。

2. _____ ，我还听见楼上有人在唱歌。

3. _____ ，手提包被人偷了。

4. 你在前边的第一个路口向左拐，_____ 。

5. 你们家的电视机 _____ 。

6. 去购物广场 _____ 。

5 Fill in the blanks with the words in the box.

看到　邻居　市中心　公园　前
层　旁边　石桥　方便

我们家两个月＿＿＿搬到现在的新家。新家在＿＿＿，生活十分＿＿＿。我们家住在三十九＿＿＿。从我的房间可以＿＿＿超级市场，教堂就在超市的＿＿＿。我们大楼的后面有一个大＿＿＿。公园里有＿＿＿和小河。我非常喜欢住在这里。

6 Complete the following sentences.

1.去机场，你或者坐 _____

2.我家左边是 _____

3.我家楼上的邻居 _____

4.我每天晚上 _____

7 Answer the following questions.

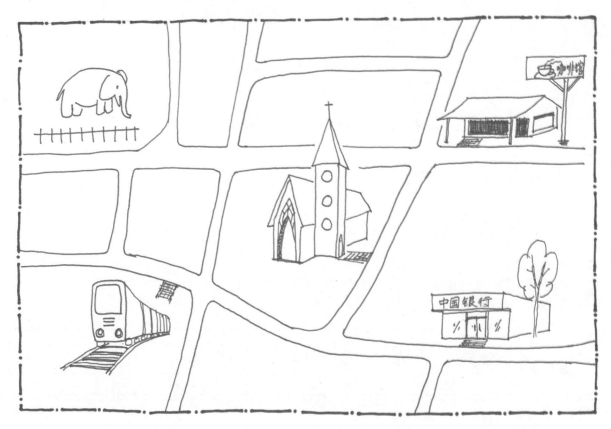

1. 你刚从教堂出来，想去咖啡馆。你应该怎么走？

_____

2. 你从咖啡馆出来，然后去银行。你应该怎么走？

_____

3. 你从银行出来，再去火车站。你应该怎么走？

_____

8 Make one sentence with each group of words given.

1. 留下　姓名

3. 对面　邮局

2. 一直　看到

4. 手机　偷

9 Reading comprehension.

我们家隔壁住了一家五口人。他们家有三个孩子，都挺可爱的。老大是个男孩儿，老二和老三都是女孩儿。可是他们家养了一只狗，特别烦人。这只狗一天到晚大声叫，有时半夜还叫，吵得我没办法睡觉。我真想搬走。

《 Answer the questions:

1. 他的邻居家有几口人？

2. 邻居家有几个男孩儿？

3. 邻居家养了什么宠物？

4. 邻居家的宠物为什么烦人？

5. 他喜欢住在这里吗？为什么？

10 Essay writing.

Write a paragraph introducing your neighbour.
You should include:
- how many people there are in the family
- what nationalities
- what they usually do over the weekends
- what you think of them

Vocabulary 词汇表

A

ā	阿 prefix	1
āyí	阿姨 mother's sister	1

B

bǎ	把 a preposition; measure word	15
bǎihuò gōngsī	百货公司 department store	13
bān	搬 move	15
bānjiā	搬家 move (house)	15
bàn	办 do	8
bànfǎ	办法 way	15
bàngōng	办公 work	8
bàngōngshì	办公室 office	8
bànyè	半夜 midnight	15
bāng	帮 help	2
bāngmáng	帮忙 help	11
bǎng	膀 shoulder	10
bǎo	饱 full	12
bào	报 report; newspaper	2
bàozhǐ	报纸 newspaper	2
bēi	杯 cup	12
bèi	被 a preposition	14
běn	本 book	9
bítì	鼻涕 nasal mucus	3
bǐ	比 compare	11
bǐrú	比如 for example	9

bǐ	笔 pen	3
bì	壁 wall	8
biàn	便 convenient	13
bié	别 don't	2
bié	别 other	9
bīngqílín	冰淇淋 ice cream	11
bǐnggān	饼干 cookies; cracker	11
bìngjià	病假 sick leave	3
bó	伯 father's elder brother	1
bújiàn	不见 disappear	2
bùnéng	不能 cannot; must not	3
búyòng	不用 need not	4

C

càidān	菜单 menu	12
càishìchǎng	菜市场 fresh market	10
cāo	操 exercise	8
cāochǎng	操场 playground	8
cè	厕 toilet	8
cèsuǒ	厕所 toilet	8
cè	测 measure	7
cèyàn	测验 test	7
chá	茶 tea	12
chá	察 examine	14
cháng	肠 intestine	11
chǎo	吵 make a noise; quarrel	15
chēzhàn	车站 station; stop	14
chí	池 pool	8
chǐ	尺 ruler	9

liǔ	柳 willow	10
lóng	龙 dragon	12
lóngxiā	龙虾 lobster	12
lù	路 route	14
lùkǒu	路口 intersection	13
luòshānjī	洛杉矶 Los Angeles	1
lǜshīháng	律师行 law firm	5
lǜchá	绿茶 green tea	12

M

máng	忙 busy	5
mào	帽 cap; hat	4
màozi	帽子 cap; hat	4
měinián	每年 every year	1
miàn	面 side; aspect	13
miànbāo	面包 bread	11
miào	庙 temple	14

N

nǎilào	奶酪 cheese	12
nǎinai	奶奶 grandmother (paternal)	1
nán	男 male	8
nán	难 difficult	7
néng	能 can; be able to	3
niúnǎi	牛奶 milk	11
niúpái	牛排 beefsteak	12
niúròu	牛肉 beef	10
niǔyuē	纽约 New York	1
nuǎn	暖 warm	4
nuǎnhuo	暖和 nice and warm	4
nǚ'ér	女儿 daughter	1

P

pái	排 line up; row	6
páiqiú	排球 volleyball	6
pāng	乒 bang	6
pángbiān	旁边 side	8
pàng	胖 fat; plump	2
pí	皮 leather	5
píxuē	皮靴 leather boots	5
piányi	便宜 cheap	10
piàn	片 piece	9
piào	漂 beautiful	2
piàoliang	漂亮 beautiful	2
pǐn	品 article; goods	12
pīng	乒 table tennis	6
pīngpāngqiú	乒乓球 table tennis	6
píng	平 flat; usual	10
píngshí	平时 usually	10
píng	瓶 bottle	12
pó	婆 old woman	1

Q

qī	戚 relative	1
qí	骑 ride	14
qì	器 instrument	9
qiān	千 thousand	5
qiān	铅 lead	9
qiānbǐ	铅笔 pencil	9
qiánmian	前面 front	13
qiánnián	前年 the year before last	1
qiánbāo	钱包 wallet; purse	14
qiáo	桥 bridge	14

qiǎokèlì	巧克力 chocolate	11		shēngwù	生物 biology	7
qīn	亲 parent; relative	1		shēng	声 sound	15
qīn'ài	亲爱 dear	4		shèng	圣 holy	1
qīnqi	亲戚 relative	1		shèngdànjié	圣诞节 Christmas	1
qīngcài	青菜 green vegetables	12		shí	实 true	8
qǐng bìngjià	请病假 ask for sick leave	3		shíyàn	实验 experiment	8
qǐngjià	请假 ask for leave	3		shíyànshì	实验室 laboratory	8
qùshì	去世 pass away	1		shì	世 lifetime	1
qù	趣 interest	7		shìchǎng	市场 market	10
				shìzhèng	市政 municipal administration	13

R

rìjì	日记 diary	9		shìzhōngxīn	市中心 city centre	13
rìjìběn	日记本 diary (book)	9		shì	试 try	5
róng	容 hold; contain	7		shì···de	是···的 used for emphasis	2
róngyì	容易 easy	7		shì	适 fit; suitable	5
ròu	肉 meat	10		shǒujī	手机 mobile phone	14
ròusī	肉丝 shredded meat	12		shǒutào	手套 gloves	4
rú	如 if	4		shǒutíbāo	手提包 handbag	14
rúguǒ	如果 if	4		shòusī	寿司 sushi	12
				shòu	受 suffer	3

S

				shòushāng	受伤 be injured	3
sān céng = sān lóu	三层=三楼 third floor	8		shòu	瘦 thin; slim	2
sānmíngzhì	三明治 sandwich	10		shū	叔 father's younger brother	1
sānwényú	三文鱼 salmon	12		shūshu	叔叔 father's younger brother	1
sǎn	伞 umbrella	4				
shālā	沙拉 salad	11		shǔ	暑 summer	4
shāng	伤 wound; injury	3		shǔjià	暑假 summer holidays	4
shāo	烧 cook	12		shǔ	薯 potato; yam	10
shào	绍 introduce	8		shǔpiàn	薯片 chips; crisps	10
shēn	身 body	14		shǔtiáo	薯条 French fries	10
shēnfèn	身份 identity	14		shuài	帅 handsome	2
shēnfènzhèng	身份证 identity card	14		shuāng	双 pair; measure word	5
shēnghuó	生活 life	13		sī	丝 silk; thread	12